GROUP

中国建投 ｜ 远见成就未来

中国建投研究丛书·案例系列
JIC Institute of Investment Research Books · Case

融智融资

中国投资咨询案例（第二辑）

Intellectual Capital and Financing
Case Study of
China Investment Consulting (No.2)

中国投资咨询有限责任公司 / 主编

社会科学文献出版社
SOCIAL SCIENCES ACADEMIC PRESS (CHINA)

总　序

一千多年前，维京海盗抢掠的足迹遍及整个欧洲。南临红海，西到北美，东至巴格达，所到之处无不让人闻风丧胆，所经之地无不血流成河。这个在欧洲大陆肆虐整整三个世纪的悍匪民族却在公元 1100 年偃旗息鼓，过起了恬然安定的和平生活。个中缘由一直在为后人猜测、追寻，对历史的敬畏与求索从未间歇。2007 年，维京一个山洞出土大笔财富，其中有当时俄罗斯、伊拉克、伊朗、印度、埃及等国的多种货币，货币发行时间相差半年，"维京之谜"似因这考古圈的重大发现而略窥一斑——他们的财富经营方式改变了，由掠夺走向交换；他们学会了市场，学会了贸易，学会了资金的融通与衍生——而资金的融通与衍生改变了一个民族的文明。

投资，并非现代社会的属性；借贷早在公元前 1200 年到公元前 500 年的古代奴隶社会帝国的建立时期便已出现。从十字军东征到维京海盗从良，从宋代的交子到曾以高利贷为生的犹太人，从郁金香泡沫带给荷兰的痛殇到南海泡沫树立英国政府的诚信丰碑，历史撰写着金融发展的巨篇。随着现代科学的进步，资金的融通与衍生逐渐成为一国发展乃至世界发展的重要线索。这些事件背后的规律与启示、经验与教训值得孜孜探究与不辍研习，为个人、企业乃至国家的发展提供历久弥新的助力。

所幸更有一批乐于思考、心怀热忱的求知之士勤力于经济、金融、投资、管理等领域的研究。于经典理论，心怀敬畏，不惧求索；于实践探索，尊重规律，图求创新。此思索不停的精神、实践不息的勇气当为勉励，实践与思索的成果更应为有识之士批判借鉴、互勉共享。

调与金石谐，思逐风云上。《中国建投研究丛书》是中国建银投资有限责任公司组织内外部专家在回顾历史与展望未来的进程中，深入地体察和研究市场发展及经济、金融之本性、趋向和后果，结合自己的职业活动，精制而成。该丛书企望提供对现代经济管理与金融投资多角度的认知、借鉴与参考。如果能够引起读者的兴趣，进而收获思想的启迪，即是编者的荣幸。

是为序。

张睦伦

2012 年 8 月

编辑说明

中国建银投资有限责任公司（以下简称"集团"）是一家综合性投资集团，投资覆盖金融服务、先进制造、文化消费及信息技术等领域，横跨多层次资本市场及境内外区域。集团下设的投资研究院（以下简称"建投研究院"）重点围绕国内外宏观经济发展趋势、新兴产业投资领域，组织开展理论与应用研究，促进学术交流，培养专业人才，提供优秀的研究成果，为投资研究和经济社会发展贡献才智。

《中国建投研究丛书》（简称《丛书》）收录建投研究院组织内外部专家的重要研究成果，根据系列化、规范化和品牌化运营的原则，按照研究成果的方向、定位、内容和形式等将《丛书》分为报告系列、论文系列、专著系列和案例系列。报告系列为行业年度综合性出版物，汇集集团各层次的研究团队对相关行业和领域发展态势的分析和预测，对外发表年度观点。论文系列为建投研究院组织业界知名专家围绕备受市场关注的热点或主题展开深度探讨，强调前沿性、专业性和理论性。专著系列为内外部专家针对某些细分行业或领域进行体系化的深度研究，强调系统性、思想性和市场深度。案例系列为建投研究院对国内外投资领域的案例的分析、总结和提炼，强调创新性和实用性。希望通过《丛书》的编写和出版，为政府相关部门、企业、研究机构以及社会各界读者提供参考。

本研究丛书仅代表作者本人或研究团队的独立观点，不代表中国建投集团的商业立场。文中不妥及错漏之处，欢迎广大读者批评指正。

目　录

第一部分　PPP 项目案例篇

第二部分　管理咨询案例篇

第一部分
PPP 项目案例篇

案例一
平湖市生态能源 PPP 项目

周 伟 吴 瑞

摘　要：

平湖市生态能源PPP项目（以下简称"本项目"）是平湖市第一例垃圾处理PPP项目，包括生活垃圾焚烧、餐厨垃圾处理、应急填埋场三项内容。本项目由平湖市环境卫生管理处作为实施机构，具体负责组织实施PPP模式，并由中国投资咨询有限责任公司担任PPP咨询顾问。项目自2018年8月开始启动，在平湖市政府有关部门的联合协作下，依托中国投资咨询有限责任公司的专业服务方案，实施机构于2018年11月与成交社会资本签约，实现本项目的顺利落地。本项目的成功运作对平湖市进一步实现垃圾无害化处置和资源化利用、提高环卫基础设施水平、完善城市功能具有重要意义，同时为其他垃圾处理PPP项目在交易边界条件的设计上提供了宝贵的经验。

一 案例背景

随着经济社会快速发展、人民群众生活水平日益提高，城乡生活垃圾（含餐厨垃圾）和其他一般固废的产生量不断增长，巨大的垃圾产生量和有限的垃圾处置能力间的矛盾逐渐对平湖市的资源环境构成了威胁和挑战，生活垃圾的危害已经引起了市民的强烈关注和政府的高度重视。为积极推进生活垃圾、餐厨垃圾、垃圾应急填埋的规范化管理，满足垃圾无害化处置和资源化利用的需要，进一步发展循环经济、实现节能减排，提高环卫基础设施水平、完善城市功能，平湖市政府计划建设一个多功能、全方位、高效率的垃圾处理综合项目。与此同时，根据中央环保督察整改意见方案和嘉兴市政府的要求，2018 年 12 月底之前必须开工建设，因此，集生活垃圾、餐厨垃圾、其他一般固废等各类型垃圾处理于一体的平湖市生态能源项目的有序实施越发迫在眉睫。

2016 年，财政部在《关于在公共服务领域深入推进政府和社会资本合作工作的通知》（财金〔2016〕90 号）一文中明确指出，"在中央财政给予支持的公共服务领域，可根据行业特点和成熟度，探索开展两个'强制'试点。在垃圾处理、污水处理等公共服务领域，项目一般有现金流，市场化程度较高，PPP 模式运用较为广泛，操作相对成熟，各地新建项目要'强制'应用 PPP 模式，中央财政将逐步减少并取消专项建设资金补助"。2017 年，财政部、住建部、农业部和环保部联合发布《关于政府参与的污水、垃圾处理项目全面实施 PPP 模式的通知》（财建〔2017〕455号），进一步明确"政府参与的新建污水、垃圾处理项目全面实施 PPP 模式。有序推进存量项目转型为 PPP 模式"。本项目属于垃圾处理公共服务领域，在政策"强制"要求和项目实际情况的双重背景下，平湖市政府拟采用 PPP 模式实施本项目，而中国投资咨询公司作为咨询服务机构参与平湖市生态能源 PPP 项目，为项目提供全流程的专业 PPP 咨询服务，最终在四个月内实现项目的顺利落地。

二 案例事件及过程

（一） 项目识别和准备阶段

1. 编制初步实施方案

平湖市生态能源 PPP 项目是一个以生态经济为理念的综合型垃圾处理项目，包括了生活垃圾焚烧、餐厨垃圾处理、应急填埋场三个不同类型的子项目，由于各子项目未来在运营阶段并非完全独立，在初步实施方案编制的过程中需要充分考虑各子项目的特性来设计合理的交易结构和回报机制，只有明确科学的合作范围和合作条件才能最大限度地促成政府方和社会资本方的友好合作。

由于本项目情况复杂且时间紧迫，平湖市政府在项目伊始便成立了 PPP 联合工作小组，由市财政局、市综合行政执法局、市环保局、市住建局、市环境卫生管理处及其他相关部门共同负责平湖市生态能源 PPP 项目的推进，中国投资咨询项目小组和 PPP 联合工作小组展开了多轮的研究讨论，逐步厘清项目的交易边界条件，在对比分析多例国内垃圾处理 PPP 项目的合作条件后，对项目的运作方式、资产权属、项目投资收益水平、投融资结构、付费方式等主要核心内容提出了针对性建议，形成实施方案初稿，奠定了政府方和社会资本方就本项目展开合作的基础。

2. 单一来源采购方式论证

与大多数垃圾处理 PPP 项目不同的是，确定本项目的采购方式是项目识别和准备阶段的一大重要任务。鉴于 2005 年平湖市政府方已与社会资本方（德长环保股份有限公司）签署协议约定，德长环保股份有限公司（以下简称"德长环保"）拥有能力范围内排他提供平湖市垃圾处理服务的权利、垃圾焚烧厂扩建的优先权。同时，考虑合同履约要求、政府诚实守信、违约成本、中央环保督察整改意见和嘉兴市政府对本项目的开工建设时间要求等因素，单一来源采购方式是最适宜本项目的采购方式。

根据《中华人民共和国政府采购法》《政府采购非招标采购方式管理办法》等法律法规对单一来源采购方式的规定，采购人应当严格按照规定流程组织专业人员对相关供应商具有唯一性出具具体论证意见，并在省级以上财政部门指定媒体上进行不少于 5 个工作日的公示，如公示无异议或是补充论证异议不成立，可后续完成上报审批等环节，确保项目单一来源采购的依法实施。

鉴于单一来源采购方式须按照各环节有序推进，中国投资咨询项目小组为此开展了大量的准备工作，在对单一来源采购方式相关法律法规进行汇总梳理的基础上，积极研究采用同一采购方式的其他垃圾处理 PPP 项目的实施路径，详细铺排计划，努力保障本项目单一来源采购论证工作的顺利进行。2018 年 8 月 20 日，中国投资咨询项目小组协同实施机构平湖市环境卫生管理处组织专家对本项目的采购需求进行论证，专家组一致认为本项目符合《中华人民共和国政府采购法》第三十一条规定的"只能从唯一供应商处采购的"情形，德长环保是平湖市垃圾处理服务的唯一供应商，本项目适宜采用单一来源采购方式。随后，经过采购需求公示等环节，中国投资咨询项目小组成功协助平湖市环境卫生管理处顺利完成本项目的单一来源采购论证工作。

3. 物有所值评价和财政承受能力论证

在本项目实施方案核心边界条件基本确定的基础上，中国投资咨询项目小组严格按照当前法律法规及相关政策文件对物有所值评价和财政承受能力论证的要求，根据本项目实施方案的合作内容，对比项目在政府传统投资方式和 PPP 模式下全生命周期成本，测算 PPP 模式下政府方在全生命周期内的财政支出责任，配合市财政局、市综合行政执法局及市环境卫生管理处开展两个报告的专家论证工作。经过市财政局和本项目行业主管部门的审查，本项目的物有所值评价和财政承受能力论证的结论均为"通过"。

4. 实施方案定稿

在本项目的物有所值评价和财政承受能力论证工作完成之后，中国投资咨询项目小组随即根据专家组的意见，结合 PPP 联合工作小组的要求，进一步完善实施方案，最终定稿项目实施方案，平湖市生态能源 PPP 项目交易结构详见图 1。

本项目拟采用"BOOT"（建设—拥有—运营—移交）模式运作，平湖市环境卫生管理处作为项目实施机构统筹负责项目实施，实施机构通过单一来源采购的方式采购社会资本方，成交社会资本在平湖市独资设立专为本项目提供服务的项目公司，在合作期内，由项目公司负责本项目的投资、设计、建设、运营及移交工作。实施机构依据 PPP 项目合同对项目公司的运营维护情况进行绩效考核，并按照绩效考核结果支付核定的可行性缺口补助。项目合作期内，项目资产所有权归项目公司所有。合作期满，项目公司将项目全部资产设施及相关权益无偿移交给政府指定机构。

（二）项目采购阶段

1. 编制 PPP 项目合同及采购文件

在本项目的实施方案经市政府审批同意后，中国投资咨询项目小组立即展开 PPP 项目合同及采购文件的编制工作，严格按照项目计划落实项目进度。考虑到本项目垃圾处理服务内容的复杂性，项目小组将本项目 PPP

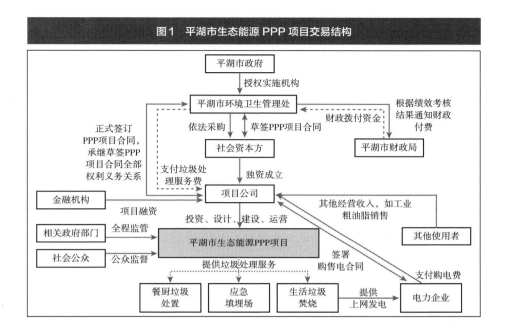

图 1 平湖市生态能源 PPP 项目交易结构

项目合同分为《特许经营协议》和《垃圾处理服务协议》两项文本进行编制，更严谨地就 PPP 模式下双方基本合作原则和政府方对项目公司未来提供的垃圾处理服务要求分别进行约定，以实施方案为基础，充实细化政府方和社会资本方的合作框架，准确厘清双方之间的责任、权利及义务，通过合同条款的约定确保垃圾处理服务的公益性仍由政府方主导的前提下，建设、运营及经营风险被转移到政府方的承担范围以外，由项目公司以市场化的投资、建设及运营主体的身份承担。PPP 项目合同初稿编制完成后，项目小组与 PPP 联合工作小组就合同关键条款，如项目关键时间节点要求、绩效考核指标的设置和应用等，进行了多次讨论完善，最终达成一致意见。

同时，由于本项目拟采用单一来源采购方式，唯一的供应商使得社会资本方拥有较强的议价能力，为了能以合理的价格成交且保证项目的公共服务质量，对社会资本方对本项目的理解程度、项目建设运营方案及财务分析等内容提出了更高的要求。因此，中国投资咨询项目小组在编制采购文件的时候，着眼于项目价格和质量控制，从技术方案、财务方案、企业实力、同类项目情况等角度全方位考察社会资本方，完成了采购文件的编制工作。

2. 组织采购及确认谈判

在 PPP 项目合同和采购文件定稿后，中国投资咨询公司作为本项目的采购代理机构协助实施机构组织开展单一来源采购工作。根据单一来源采购的相关规定，政府方组织财务、法律、环保、环卫等具有相关经验的专业人员成立了采购小组，与社会资本方进行了采购结果确认谈判。

事实上，鉴于 PPP 项目参与方利益诉求的天然差异，再加上本项目的客观复杂性，过程中必不可免地会出现谈判僵局，双方谈判焦点主要集中在重大风险的责任分配和边界合作条件的设置上。例如，在项目公司治理结构上，谈判期初，社会资本方对政府方拟派公益董事的权限提出较大质疑，担忧拥有较大管理权限的公益董事可能会干扰项目公司的正常经营。在这样的情形下，中国投资咨询项目小组努力促成双方对本项目的现实基础和合作模式达成原则性共识，经充分沟通交流后，在合作条件中对政府方公益董事的职权范围进行了必要的完善，既确保了政府方对项目公司影响公共利益的重大事项行为具有有力的监督权和控制权，同时又最大限度地保障了项目公司经营管理的自主性，增强了社会资本方对本项目的投资信心。在艰难的谈判过程中，项目小组始终本着"合作共赢"的目标，为政府方提供专业建议并积极斡旋，协助双方克服利益冲突点，最终顺利完成本项目的采购工作。

（三）项目执行阶段

采购结果确认谈判后，中国投资咨询项目小组积极协助本项目实施机构完成 PPP 项目合同的报批工作，经市政府审核同意后，2018 年 11 月，实施机构市环境卫生管理处与成交社会资本方签署 PPP 项目合同，实现本项目的如期落地。

三 案例结果

平湖市生态能源 PPP 项目从发起至落地共历时四月有余，中国投资咨询公司作为 PPP 咨询服务机构全程为客户提供专业意见和咨询方案，协助政府方为平湖生态能源项目搭建合理可操作的回报模式、设计灵活多层次的调整机制，凭借科学适宜的合作条件在政府方和社会资本方之间建立起良好的合作基础，于 2018 年 11 月实现项目的顺利落地。平湖市生态能源 PPP 项目的有序实施和成功落地不仅满足了当地政府垃圾无害化处置和资源化利用的迫切需要，而且为加快推进平湖市环境基础设施建设、积极发挥市场机制作用、探索建立环境保护的新模式做出了重要贡献。

在本项目的全过程咨询服务过程中，中国投资咨询项目小组积极研究国内同类项目运作经验，根据本项目实际情况灵活变通，主要取得了以下两方面的工作成果。

第一，协助政府方解决项目采购难题。在垃圾处理这一公共服务领域"强制"应用 PPP 模式前，国内的垃圾处理项目多采用特许经营的形式开展合作，随着我国城镇化建设的纵深推进，城市生活垃圾产生量增长迅猛，适时提升垃圾处理能力必然是一个长期的研究课题，垃圾处理基础设施建设必然面临改、扩、迁建等各项任务，如何在符合当前政策规定的前提下，实现前后垃圾处理服务的有序衔接，确保垃圾处理服务的持续稳定提供是项目推进过程中必须慎重考虑和解决的问题。在平湖市生态能源 PPP 项目中，中国投资咨询项目小组根据项目的特殊背景和现实基础，协同实施机构开展单一来源采购需求论证，帮助政府方成功探索以单一来源采购的方式采购德长环保股份有限公司为供应商，顺利解决了本项目的采购难题。

第二，紧密结合项目特点建立合理的回报机制。本项目是具有多个子项目的综合型垃圾处理项目，包含了生活垃圾焚烧、餐厨垃圾处理、应急填埋场三项不同内容，未来在垃圾处理的过程中，受限于垃圾分类准确程度，垃圾处置并不仅仅是单一的流水线作业方式，例如，部分餐厨垃圾会在餐厨垃圾系统的前端筛选环节后，被运至生活垃圾焚烧系统作焚烧处理，但生活垃圾焚烧和餐厨垃圾厌氧发酵两种不同处理方式存在较大的成本差别，因此，如何设计一套清晰合理的垃圾处理服务费结算方式，引导项目公司根据垃圾成分选择合理高效的处理方式，避免未来合作过程中出现扯皮现象是本项目的一大难点。项目小组综合对比了同类 PPP 项目的回报机制后，为本项目明确了"终端处理、终端结算"的结算原则，未来垃圾处理服务费由不同垃圾的处理单价以及最终采用的垃圾处理方式共同确定，这种回报机制最为贴近项目公司的实际运营成本，为双方未来的长期稳定合作提供了保障。除此以外，在单一来源采购方式下，合理的回报机制有助于合理的垃圾处理服务费单价的确定。在明确了"终端处理、终端结算"的结算原则后，项目小组结合可研报告等技术资料，深入研究了近期垃圾处理 PPP 项目的平均投资回报水平、当前的市场融资成本、类似垃圾处理工艺项目的垃圾处理成本，在咨询行业专家的基础上，进行垃圾处理服务费单价的限价测算，力争为政府方提供最为科学合理的参考数据，最终本项目以 102 元/吨的生活垃圾焚烧处理单价、280 元/吨的餐饮垃圾处置单价、170 元/吨的厨余垃圾处置单价确定了成交价格。

四 案例评述

随着近几年 PPP 项目的不断完善和发展，垃圾处理 PPP 项目已基本形成了较为成熟的运作模式，但我国垃圾焚烧发电项目、餐厨废物处理设备建设、垃圾卫生填埋技术等均起步较晚，伴随着我国资源节约型、环境友好型社会建设的大步迈进，未来垃圾处理项目仍有一定的市场需求。在垃圾处理 PPP 项目的实施过程中，做好充分的前期准备工作、设计科学的交易结构、明确合理的交易边界条件对项目实施都大有裨益，项目小组根据平湖市生态能源 PPP 项目的操作经验归纳总结了以下要点，以期为同类垃圾处理 PPP 项目提供借鉴。

（一） 明确项目产出边界，切实保障公众利益

垃圾处理项目本身具有较强的公益性特点，作为环保类项目，项目产出内容关系到社会公众的切身利益，在实现垃圾无害化处置和资源化利用目标的同时，不可避免地也会产生一定的污染物，因此在垃圾处理 PPP 项目的实施过程中，必须明确项目的产出边界。例如，在本项目《垃圾处理服务协议》中的垃圾处理质量检测项目与标准中，针对烟气污染物排放（颗粒物、HCl、HF、SO_2、NOx、CO、Hg、$Cd + T1$、$Pb + Sb + As + Cr + Co + Cu + Mn + Ni$、烟气黑度、二噁英类等）、炉渣热灼减率、噪声、恶臭污染物排放、炉膛烟气温度及滞留时间、渗滤液及其他废水排放、飞灰等其他性能指标均设置了明确标准，确保项目公司能按照要求提供合格的垃圾处理服务。政府方可以将必要的规定标准作为绩效考核的内容在项目运营期内对项目公司进行持续监管，除此以外，还可以在 PPP 项目合同中针对项目重点关注的内容另行规定超标违约责任，提高项目产出质量要求。

（二） 全面摸排梳理风险点，注重风险合理分配

对项目风险点的全面摸排梳理和合理科学分配是垃圾处理 PPP 项目顺

利推进以及实现政府方和社会资本方友好合作的一大重要前提，但值得注意的是，风险分配并不是简单的一刀切。以本项目为例，不同于大多数垃圾处理项目设置保底量的做法，本项目并未设置垃圾处理保底量，这意味着社会资本方承担了垃圾量供应不足的主要风险，这一交易边界条件是平湖市垃圾处理服务历史背景的结果，德长环保自 2005 年起便向平湖市独家提供垃圾处理服务，对项目范围内的垃圾产生量了解程度较高，德长环保有信心在项目合作期内承担一定的垃圾供应量变化风险。但这一风险承担结果并不是绝对的，由于德长环保依旧担心运营期内会出现垃圾供应量骤减的可能，在生活垃圾由政府方收集运输的情况下，项目公司未来无法对该风险进行有效控制。考虑到社会资本方的担忧和诉求，经过双方协商，最终将垃圾供应量的重大变化纳入触动垃圾处理服务费单价调整的因素之一，在垃圾供应量发生重大变化严重影响项目公司经营成本时，可以调整垃圾处理服务费单价，实现了垃圾供应量变化风险在双方间的合理分配。

（三） 考虑垃圾处理特性，建立动态调整机制

与大部分基础设施建设 PPP 项目不同的是，垃圾处理项目需要重视垃圾处理技术创新和处理标准规范改变风险，在已实施的垃圾处理项目中，有较大一部分都属于技改项目，因此在垃圾处理 PPP 项目的实施过程中，咨询机构应该协助政府方建立垃圾处理服务费的动态调整机制，确保在风险实际发生时双方可以遵循一个合理的原则加以解决。在目前垃圾处理项目的调整机制中，最常见的调价机制是根据物价水平、人工工资水平等定期调整垃圾处理服务单价，这种单一的调整机制无法很好地缓冲垃圾成分或垃圾处理工艺变化带来的影响，因此，项目小组建议可以针对单位垃圾处理所需主要原材料的变动情况设置必要的调价机制，由社会资本方承担适度的原材料用量变化风险，同时在行业标准发生变化或其他特殊情形导

致原材料结构和用量发生巨大变化时，给予社会资本方一定的补偿，最大限度地保障公共服务的持续稳定提供。

（四） 坚持盈利不暴利原则，奠定长远合作基础

在垃圾处理项目的交易条件设计中，除了把握好运营成本、确定垃圾处理服务费合理单价这一目标外，对项目运营中的经营收入也要予以重视，事实上，在多数生活垃圾焚烧发电项目中，项目公司的售电收入是其未来收入的重要来源，尤其是在一些垃圾热值较高的城市，售电收入甚至可以占到项目公司收入的一半以上。在 PPP 合作模式下，应该坚持社会资本方"盈利但不暴利"的原则，设置必要的超额收入分配机制。例如，在本项目中，就针对生活垃圾焚烧产生的售电收入设置了分配机制，超过协议上网的售电收入由政府方和项目公司获得，除此以外，当未来项目公司出现其他超额经营收益，如餐厨垃圾沼气资源化利用收入、焚烧炉渣收入等经营收入时，政府方也有权获取部分的超额收益。因此，建议未来在垃圾处理 PPP 项目的交易条件设计过程中，也将项目公司的经营收入纳入考虑范围，为双方长远稳定合作奠定基础。

案例二
云浮市云安区整区生活
污水处理及社会主义新农村
建设 PPP 项目

吴 赟 李秋怡 姚 情

摘　要：

广东省东西北部地区污水处理设施发展水平落后，很多农村甚至完全没有污水处理设施，农村污水大部分不能得到有效处理，这直接造成了环境污染。为推动广东省农村生态环境建设，广东省委做出了要加快粤东西北地区全县域环境综合治理与修复建设的战略部署。广东省云浮市云安区政府对这一部署做出响应，在中国投资咨询公司的全程协助下，促成了云浮市云安区整区生活污水处理及社会主义新农村示范村建设 PPP 项目的落地。

云浮市云安区生活污水处理及社会主义新农村示范村建设 PPP 项目总投资约 7.2 亿元。项目建设内容包括村镇污水处理设施、配套管网和社会主义新农村工程，除此之外，项目还包括存量项目的运营工作。本项目于 2017 年 7 月 25 日发起，2018 年 5 月完成社会资本方采购，并在 2 个月内启动施工。本文以该 PPP 项目为例，主要介绍了污水处理和新农村建设项目中的主要难点及解决措施，期望为之后的项目实施探究出更多的思路。

一　案例背景

云浮市云安区地处广东省中西部，作为广东省重要生活水源的西江贯穿其中。

近几年，工业尾水和居民生活用水的违规排放对西江造成严重污染，而造成这一现象的重要原因在于污水处理设施及相应管网配置的缺失。在本项目之前，云安区仅有少数乡镇和农村有污水处理设施，且管网配套极度不完善。这造成了居民和企业缺乏便捷的污水排放渠道，只能向西江直接排放，这些直接排放的污水往往处理程度极低或未经处理，最终造成污染。

广东省委和省政府根据《国务院关于加强环境保护重点工作的意见》、环境保护部《关于进一步加强农村环境保护工作的意见》、《中共广东省委广东省人民政府关于进一步加强环境保护推进生态文明建设的决定》、《广东省农村环境保护"十二五"规划》以及有关法律法规规划要求，建立了省农村环境保护联席会议制度，实施了《广东省农村环境保护行动计划（2014—2017 年）》。对于省委、省政府关于加快粤东西北地区全县域环境综合治理与修复建设的战略部署，云浮市及云安区政府高度重视，对推进新一轮污水处理任务进行了战略部署。预计到 2018 年底，市区、县城污水处理率须分别达到 95%、85% 以上，乡镇一级污水处理设施全覆盖，80% 以上农村生活污水得到有效处理，要求全力以赴做好镇村污水处理设施建设工作。

2016 年 5 月 27 日，广东省政府召开全省改善农村人居环境暨粤东西北地区新一轮生活垃圾和污水处理基础设施建设工作电视电话会议，强调应在全省掀起村庄人居环境综合整治新高潮。明确以村庄环境整治为重点，以建设宜居村庄为导向，狠抓农村生活垃圾、生活污水处理和禽畜污染、水体污染治理等关键环节，大力开展农村人居环境综合整治，完善农村基础设施和公共服务设施，传承和凸显岭南文化特色，增强农村发展活力。

本项目涉及云浮市云安区 7 个乡镇/城区（六都镇、都杨镇、富林镇、镇安镇、白石镇、高村镇、石城镇）及全区 80% 以上村庄的生活污水收集处理工程和 35 个行政村及自然村的新农村示范村建设。其中包含新建项目的建设运营和存量项目的运营工作，总投资 71993.86 万元。

二 案例产出

新建项目涉及的投资、建设、运营内容主要包括：（1）高村镇、白石镇、石城镇茶洞片区及托洞片区共 4 个污水处理厂工程，处理规模合计 3400t/d；（2）589 座农村污水处理站，总设计处理规模约 14952t/d（含云雾山污水处理站 3 座，处理规模合计 1000t/d）；（3）7 个乡镇/城区配套污水收集管网工程，长度约 194.92km（含入户支管）；（4）农村污水收集管网工程，总长约 640.12km（含云雾山配套管网）；（5）35 个行政村及自然村的社会主义新农村示范村建设。

存量项目运营内容主要包括：（1）云安县镇安镇污水处理厂（首期）BT 工程及配套管网；（2）云安县富林镇污水处理厂工程及配套截污管网一期；（3）云浮循环经济工业园综合园区（一期、二期）污水处理工程项目及配套管网；（4）云安县污水处理厂配套截污干管一期、二期；（5）云六公路鲤鱼头六都中学至宝利硫酸有限责任公司段污水管网工程；（6）云安县污水处理厂尾水排放工程；（7）21 个已建成的农村污水处理设施及配套管网；（8）云安区 22 条省定贫困村污水处理设施及配套管网。

项目建设质量目标：根据《城镇污水处理厂工程质量验收规范》（GB50334－2017）、《给水排水管道工程施工及验收规范》（GB50268－

2008）、《建筑工程施工质量验收统一标准》（GB50300 - 2013）、《园林绿化工程施工及验收规范》（CJJ82 - 2012）及其他国家现行工程施工质量验收统一标准及相关标准的合格工程标准等，工程交工验收的质量评定为合格，竣工验收的质量评定为优良。

项目运营养护目标：建立起完善有效的管理机制，项目设施设备维护得当，用户满意度高，运营期绩效考核得分不低于 90 分。乡镇污水处理设施的出水水质符合《城镇污水处理厂污染物排放标准》（GB18918 - 2002）一级 A 标准和广东省地方标准《水污染物排放限值》（DB4426 - 2001）中的较严值。农村污水处理设施出水水质符合《城镇污水处理厂污染物排放标准》（GB18918 - 2002）一级 B 标准及广东省地方标准《水污染物排放限值》（DB4426 - 2001）中第二时段一级标准的较严值。

三　案例事件及过程

本项目在 2017 年 7 月份由云安区政府发起，并由云安区环保局通过竞争性磋商方式确定中国投资咨询有限责任公司作为本项目 PPP 模式咨询服务机构。在中国投资咨询公司的全过程协助下，云安区环保局在 5 个月内完成了项目市场测试、"两评一案"编制、专家评审和部门联审工作，并向广东省财政厅提交了 PPP 中心综合信息平台项目管理库入库申请。项目于 2018 年 1 月份启动了政府采购工作，并实施资格预审，其间，中国投资咨询公司与云安区环保局及其他相关职能部门多次展开协调会议，研究编制项目的资格预审文件、政府采购文件及 PPP 项目合同草案，做到依法依规，符合项目需求。项目于 4 月份到 5 月份期间，完成了公开招标的开标及采购结果确认谈判工作，一次性招标成功。2018 年 5 月，云安区环保局和中标社会资本方签署了 PPP 项目合同，进入执行阶段。其间经历了以下事件。

（一） 克服难点，设计合理方案

1. 两手准备获取土地

一般 PPP 项目涉及农村建设，土地获取往往会成为一个核心难题。农村土地因为其农村集体所有的特性，并不能像城镇用地一样可以通过招拍挂的形式来获取成为项目用地。农村土地的获取有两个核心问题，一是农户是否同意出让土地；二是同意出让之后的赔偿问题。

针对这两个问题，在设计实施方案的时候，我们首先在项目前期的研讨会上邀请了当地政府和村镇代表参加会议，提前告知他们可能的用地情况以及获取土地后促成项目落地对优化当地生态环境和推动经济发展的重大意义；并根据多次研讨的结果，对确定能够纳入项目用地的土地合理规划，对原规划中无法获取的土地寻找替代方案。除此之外，在设计方案的时候，通过预留充足土地补偿金（项目总投资额的3%），并将这一措施作为招标要求落实到招标合同的方式，进一步保障了土地问题的顺利解决。

2. 三条建议控制预算

农村土地因为地形复杂、地势多变的问题，在实际设计和施工阶段，会为实际成本带来极大的不确定性。

针对这个问题，我们给出了三条有效建议。第一，加强勘察工作，要求设计方应该在对项目用地地理特征深入了解的基础上有针对性地展开设计工作，从源头上杜绝因为地形地势的问题，在后期修改设计方案导致成本增加情况的发生；第二，依然是从设计方着手，要求设计遵循经济合理这一原则，以概算的110%为设计预算上限，在区间内根据必要性科学设计，避免超支；第三，委派第三方造价咨询机构对工程造价进行审计，对造价的真实性和核算方法的正确性做出客观评估，保证项目预算准确、合理且必要。

3. 两个维度收集污水

根据以往项目经验，农村污水处理项目最直接的一个问题不是如何建设污水处理设施，而是如何收集污水。大部分农村污水管网覆盖率往往较低，管网无法连接入户，导致农村居民的生活污水缺乏入网途径，村民往往出于便利性目的的考虑将生活污水直接就近排放，造成污染。这从源头上让污水处理在农村的有效实施变得尤为艰难。

基于这一现状，我们分别从项目方向和政府责任两个维度设计解决方案：第一，完善管网建设，做到管网入户，为村民排污提供便利性，只有满足生活污水"有处可排，随手可排"这样的前提条件，才可能从源头上杜绝农村生活污水乱排放现象的发生；第二，明确政府在督导村民污水正确排放上的责任，建立科学可行的规章制度，对正确排放的环保观念进行广泛宣传，对违规乱排的行为明确惩罚措施，使"污不乱排，乱排必究"的观念深入人心并落实到位，从意识形态和制度上保障污水问题顺利解决。

4. 一个机制明确责任

本项目涉及 7 个乡镇/城区，云安全区 80% 以上村庄的生活污水收集处理工程和 35 个行政村及自然村的新农村示范村建设，具有工程范围广、覆盖人口基数大、新建与存量项目复杂等特点，所以牵扯到的政府相关单位众多，可能会面临项目过程中多方权益纠缠、权责不明晰、沟通成本大等问题。

因此，我们针对本项目提出了在云安区政府的领导下，形成由云安区环保分局负责牵头，财政、发改、国土规划、农业、人居、住建、审计、法制、物价、政府方出资代表、各镇政府、农村自治组织等多个部门配合联动的工作机制，负责本 PPP 项目统筹和决策，部署并建立协调推进机制。为各部门单位制定明确的权责清单，首先是极大程度上避免了在责任问题上"两头不管"现象的发生，同时还明确了在利益问题上多方的边界，为项目后续高效沟通提供了保障。

经过多方论证，结合专家评审会议中肯意见，我们咨询团队对实施方案进行了补充完善。实施方案提交云安区政府后于 2017 年 11 月 23 日获批通过。

（二） 创新机制，采购优质社会资本方

采购到优质社会资本方是 PPP 项目成功落地与项目后期高质量建设运营的重要基础，而基于 PPP 项目应具有公益性的原则，为政府方在采购过程中合理控制成本也是一个非常重要的考量。因此，我们在采购机制里，创新性地提出了"独立测算"这一方案。

考虑到各镇村污水处理厂有新建及存量之差别，本项目镇区污水处理服务费实行"一厂一价"模式，社会资本方对运营期首年各厂污水处理服务费的基本单价分别进行报价。对于农村污水处理站及其管网，采用"站网独立"的报价体系，社会资本方对运营期首年的农村污水处理站和管网分别报价。对于镇级污水处理厂，因为各镇产业类型不同，各个污水处理厂处理污水的类型和比重存在差异，而对生活污水和工业污水进行处理的成本是不同的，因此"一厂一价"相比于统一报价的体系，对于个体处理厂而言，能更好地反映其成本，总体上让报价跟实际情况更贴切。这一措施为之后更准确的成本审计提供了基础条件。对于农村实施"管网分离"的报价体系是基于农村收集污水困难的现实条件考虑的，农村污水收集困难，导致估计水量容易出现较大偏差，而独立报价的体系能够为之后的政府动态调整付费提供依据。

为了得到各个厂、站和管网的合理报价上限，我们咨询团队对 2015 年至 2017 年市场上所有同类型项目的财政补贴做出了详尽的财务分析，并对补贴水平进行了专家评审和市场测试，最终得到一个合理的价格体系作为最终的报价上限。

2018 年 2 月 9 日，本项目正式在云浮市政府采购平台上开始招标。最终参与招标的社会资本方共 7 家，全部通过资格审查。

在收集到 7 家社会资本方的报价之后，我们没有按照一般设置各评分项目权重并打分的方式来进行评标，而是采取了计算总付费的参数、计算各项价格并依此得到各社会资本方模型价格，根据模型价格最低中标的方式选择社会资本方。通过这样严谨细致的测算和科学合理的报价机制设计，降低了社会资本方投标风险溢价，提高了项目对优质社会资本方的吸引力；同时，能有效降低政府方的财政支出，提高资金使用效率和灵活性。

四　案例结果

2018 年 5 月 2 日，本项目一次招标采购到了中信环境技术（中国）有限责任公司、广州市环境保护工程设计院有限公司和广东华坤建设集团有限公司的联合体，并由于全流程操作的规范性在 PPP 清查期间一次入库，其中，该项目的合理利润率是同批次项目中的最低水平。PPP 合同签订两个月之后，项目启动。

本项目落地之后，可预见村镇污水问题得到有效解决，村民居住环境得到有效改善，居民幸福指数得到显著提高。此外，本项目的建设运营同时还会为当地创造大量就业岗位，并带动相关产业的发展，提高区域经济水平。

五　案例评述

本项目历时十个月，其间与当地村民代表、各级政府、相关部门、律所及审计部门等进行了多轮沟通，最终促成了项目的顺利落地。我们认为，本项目能够在短时间内采购到优质社会资本方并迅速启动的经验可以总结为以下四点。

（一） 服务质量高

在项目设计初期，我们咨询团队对项目进行了大量的市场测试和项目论证，做到对项目各方面高度熟悉，保障了各方在项目研讨阶段的高效沟通，避免了诸多不必要的麻烦；此外，在项目执行阶段，提供及时到位的增值服务，如拟定补充监理合同，为项目参与方全方位地解决项目中的实际困难，最终得到项目参与方的高度评价。

（二） 服务经验足

咨询团队之前服务过汕头市 6 座污水处理厂 PPP 项目、揭阳市 9 座污水处理厂 PPP 项目、龙川县整县镇村污水处理设施及配套管网工程（上片区/下片区）PPP 项目和茂名市滨海新区产业园区（电城片区）市政基础设施 PPP 项目等同类型项目具有丰富经验，同时在设计方案的时候深入研究了征地等较大风险点，并针对这些风险点做好预案，我们充足的经验很大程度上降低了项目因考虑不周而无法顺利落地的不确定性。值得一提的是，本项目中我们基于之前的经验，创新性地提出了独立测算的招标方式，不仅为之后动态调节政府补贴奠定了制度基础，更是在初期就节省了政府支出，对减轻地方财政压力起到了巨大作用。

（三） 服务效率高

本项目从启动到完成社会资本方采购共用时十个月，一次招标一次入库，完成采购两个月后启动建设工程，在同类型相似体量的项目中，效率处于标杆级别。同时，在项目方案设计阶段，我们咨询团队人员进驻现场，与相关单位做到沟通面对面，在第一线为政府单位及时提供专业的咨询服务。

（四）　服务结果好

本项目最终采购到的社会资本方是有中信环境技术（中国）有限公司牵头的联合体，中信环境技术（中国）有限公司在国内水务处理行业处于领先地位，有着丰富的水务处理经验。此外，由于项目采用了独立测算的招标方式，最终中标社会资本方的合理利润率是同批次项目中的最低水平，从政府方的角度来说，这个结果是非常令人满意的。

中国投资咨询公司通过云浮市云安区整区生活污水处理及社会主义新农村示范村建设 PPP 项目的咨询服务积累了同行业同类型项目的丰富经验，后续为广东省内外多个农村生活污水处理项目提供咨询服务，且皆为标杆案例。

案例三
日照综合客运站及配套
工程 PPP 项目

吴　赟　陈扬阋

摘　要：

"十二五"期间，我国铁路事业高速发展，为落实山东省"十三五"规划市市通高铁、县县通高速，加快构建安全、便捷、高效、绿色、经济的现代综合交通网络体系的目标，日照市政府推动了本项目的启动。

本项目总投资约 45.7 亿元，拟建设包括高铁站房及地下通廊、南北广场及地下空间、公交功能综合体、轻轨预留和车站周边市政工程。本项目启动时间为 2017 年 6 月 1 日，在不到 4 个月的时间内完成优质社会资本的采购与项目公司成立，同时也是 PPP 基金在山东除青岛外的首次投资。本文将基于日照综合客运站及配套工程 PPP 项目从全流程介绍大型客运站类 PPP 项目的实施，期望通过本团队的经验分享抛砖引玉，启发市场对这类项目展开更深入的探讨。

一　案例背景

《"十三五"现代综合交通运输体系发展规划》指出：我国"十二五"期间，特别是 2013 年铁路管理体制改革实施后，铁路建设投资力度加大，建设效率提高，路网规模和质量显著提升。《中长期铁路网规划》中提出：到 2020 年，一批重大标志性项目建成投产，铁路网规模达到 15 万公里，其中高速铁路 3 万公里，覆盖 80% 以上的大城市。根据原铁道部实现跨越式发展的规划，建设四横四纵的高速客运专线，到 2020 年将建成 1 万多公里的高速客运专线网络，标志着中国开始进入高铁时代。

根据山东省"十三五"规划，未来 5 年，山东省将以市市通高铁、县县通高速为目标，加快构建安全、便捷、高效、绿色、经济的现代综合交通网络体系。"十三五"期间，根据山东省规划，山东半岛城市群城际铁路网范围内的济青高铁、潍莱高铁、京九高铁山东段、京沪高铁二线、环渤海高铁和青荣城际南线以及青连铁路等高铁项目，都将加快推进。同时，山东将全面启动环山东半岛城市群高铁网规划建设，重点建设济青高铁、鲁南高铁等项目，建成"两横两纵双辐射"的高铁网。

日照站是新菏兖日铁路与在建鲁南高铁的东起点站，鲁南通道城际铁路项目的上马，给日照带来了升级改造的历史机遇。日照站 2017 年启动改造工程，改造的日照站将会在青连铁路和鲁南高铁建成通车后作为新菏兖日铁路、青连铁路和鲁南高铁在日照地区的始发终到站继续运营。"十三五"期间，根据山东省规划，山东半岛城市群城际铁路网范围内的济青高铁、潍莱高铁、京九高铁山东段、京沪高铁二线（鲁冀界—滨州—东营—潍坊—临沂—鲁苏界）、环渤海高铁和青荣城际南线以及青连铁路（滨州—东营—潍坊—烟台—威海—青岛—日照—连云港）等高铁项目，都将加快推进。

基于以上背景，政府相关部门提出日照综合客运站及配套工程项目，旨在满足日照市内旅客乘坐高铁的需求，并通过青连铁路、鲁南高铁并入国家的高铁网络，实现日照市交通的历史性升级。

二 案例事件及过程

（一） 方案流程介绍

1. 项目投资

本项目总投资 456964.50 万元，项目实际工程动态投资总额，以最终确定的审计值为准，具体分类项见表 1。建设内容包括高铁站房及地下通廊、南北广场及地下空间、公交综合体、轻轨预留和周边市政工程，如电动车充电装置等配套设施。

表1　日照综合客运站及配套工程 PPP 项目预算表	
	单位：万元
工程费用	353374.50
工程建设其他费用	63024.00
预备费	11283.00
建设期利息	29283.00
合计	456964.50

2. 合作期限

根据 2015 年 6 月 1 日开始实施的《基础设施和公用事业特许经营管理办法》（第 25 号令）第六条：基础设施和公用事业特许经营期限应当根据

行业特点、所提供公共产品或服务需求、项目生命周期、投资回收期等综合因素确定，最长不超过 30 年。另外，《关于进一步做好政府和社会资本合作项目示范工作的通知》（财金〔2015〕57 号）明确指出，政府和社会资本合作期限原则上不低于 10 年。

我们咨询团队根据大型综合客运站的 PPP 合作周期一般在 10 年到 25 年的实际情况，结合本项目投资体量巨大、建设内容复杂的特点，将本项目合作期限定为 23 年，其中建设期不超过 3 年（暂定 2018～2020 年），运营维护期为 20 年（暂定 2021～2040 年）。

3. 股权结构、资本金及融资结构

本项目资本金为总投资（含建设期利息）的 20%，即 91392.90 万元，双方按项目出资比例以货币方式出资。其中，政府方占 33.34%，即 30470.39 万元；中标社会资本方占 66.66%，即 60922.51 万元。项目资本金缴纳进度与数额根据投资计划及时、足额缴纳并在 PPP 合同中予以明确约定。因总投资变化或应银行要求，资本金比例调整时双方应根据股权比例追加或减少出资。

本项目融资金额为总投资的 80%，即 365571.60 万元，融资金额偏大。出于降低融资成本的考虑，项目公司可综合运用多种外部融资方式，筹措本项目所有投资建设所需的全部资金。若政府方协助项目公司与金融机构谈判后取得更低的融资利率，项目公司应配合进行融资，以降低融资成本。

项目公司可采用股东借款、金融机构贷款等方式筹措项目债务性资金，以解决投资总额和资本金之间的差额。就是否需要股东提供担保而言，以下几种方式可供探讨：股东担保融资、有限追索项目融资或无追索项目融资等。

（1）采用股东担保融资的，由社会资本方股东对项目公司债务融资提供担保，政府方股东不对项目公司债务融资提供担保。

（2）采用有限追索项目融资的，在项目建设期，建议由各股东方按照各自在项目公司中的持股比例为项目公司的债务融资提供担保，项目建设完工后，转为无追索项目融资，各股东方撤销在建设期提供的担保。

（3）采用无追索项目融资的，项目公司以自身拥有的资产或权益作为融资担保，项目公司各股东方仅以资本金为限承担相应的责任或风险。

结合日照市综合客运站及配套工程 PPP 项目实际情况，由于项目投资较大，对资金到位要求较高，建议采用第一种方式，即股东担保融资，由中标社会资本方对项目公司债务进行融资担保，政府方不承担担保责任。

3. 项目运作方式

本项目建设内容包括综合客运站、市政工程及其他配套工程，综合考虑本项目收费定价机制、项目投资收益水平、风险分配框架、融资需求和期满处置等各项因素，建议本项目采用 BOT 模式建设，由项目公司负责本项目的投融资、建设、运营、维护、移交。

4. 交易结构及合同体系

本项目的交易结构具体见图 1。日照市住建局与项目公司签订《PPP 项目合同》并依法在日照市成立项目公司，合同规定了双方合作期内的权利义务。政府方应授予项目公司投资、建设以及运营维护项目设施的权利，并将本项目政府付费列入日照市财政预算，根据《PPP 项目合同》所确定的付款义务，向日照市财政局申请支付该费用。项目公司负责合作期内的建设运营工作，依法缴纳税费并有权获得合理回报，合作期满，项目公司依据合同做好相关移交工作。

除了《PPP 项目合同》外，本项目的核心合同还包括《合资合同（股权出资合同）含公司章程》《融资贷款合同》《工程承包合同》《运营维护合同》《保险合同》等。

5. 回报机制

一般 PPP 项目的回报机制主要是"使用者付费""政府付费""可行性

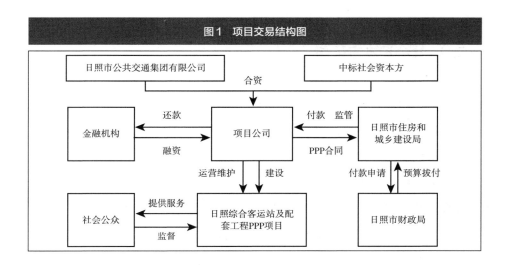

图1 项目交易结构图

缺口补助"这三种。本项目投资规模较大，属于重要的基础设施项目，本项目本身所产生的直接经济效益有限，更大的效益来自其对经济和社会的巨大带动效应，故其经营性收入不足以弥补社会资本方的投资成本和合理回报。因此，采用"可行性缺口补助"的回报机制。

本项目为保障社会资本方合理回报，政府方出资代表不参与项目公司分红和剩余财产分配。但是考虑到本项目的公益性本质，我们对本项目设置了超额收益分配机制。若当年实收经营性收入高于年度经营性收入基准值，政府方可通过设置阶梯式的超额收益分配机制对超出部分从当年财政可行性缺口补助中调整扣减。具体设置如表2所示。

表2 超额收益分配机制

超额值超过基准值	扣减超额值
<10% 部分	0
[10%,40%]部分	20%
[40%,60%]部分	30%
>60% 部分	50%

（二） 社会资本方采购

本项目发起时间为 2017 年 8 月 1 日，2017 年 11 月 7 日日照市人民政府对本项目实施方案出具同意意见，本项目顺利启动。随后我们咨询团队与日照市住建局、日照公交集团（出资方代表）经过多轮讨论，制定了最后的招标合同，并于 2017 年 12 月 1 日在山东省政府采购平台正式对日照综合客运站及配套工程 PPP 项目进行公开招标。2017 年 12 月 21 日，中国建筑第八工程局有限公司和中建投资基金管理（北京）有限公司的联合体中标。

三 案例结果

本案例最终为采购人采购到中国建筑第八工程局有限公司作为联合体中的牵头公司。中国建筑第八工程局有限公司是隶属于中国建筑股份公司的国有大型建筑骨干企业集团，其前身为国家建工部直属企业。凭借其优秀的业务能力连续多年获鲁班奖，其获奖率稳居中建系统第一名，被中国建筑业协会授予"创鲁班奖工程特别荣誉企业"。值得注意的是，本项目中标联合体中中建投资基金管理（北京）有限公司的参与，背后实际引入了中国 PPP 基金的投资和参与。本项目作为中国 PPP 基金在山东省内（除青岛）落地的首单项目，具有十分重要的意义。

2018 年 9 月 19 日，日照中建八局交通设施服务有限公司作为本项目的项目公司正式成立，标志着本项目的正式落地。

四 案例评述

本项目从启动到完成社会资本方的采购不超过四个月，从前期调研到采购完成，高效率的执行原则贯穿始终；且采购到的社会资本方无论是建设运营能力还是融资管理能力，都是行业领军级别，采购结果得到了委托方的高度认可。我们认为，本项目的经验可以总结为以下四点。

（一） 咨询前置，合理规划

由于我们的前期介入和论证，项目规划图纸发生重大变化。原计划建设旅游集散中心和公共交通换乘中心双中心大楼，经过我们咨询团队的科学规划后，规划变更为建设公交换乘中心单中心大楼，项目投资额从 60 亿元缩减到了 45 亿元。方案确定过程中与项目及区域内的规划设计多次对接，重点关注工程总价控制及建设过程成本管理机制设计，充分发挥了咨询单位的工程专业能力。

由此可见，PPP 咨询的更早参与可以更好地提高项目建设投入的合理性，真正实现 PPP 模式的物有所值。

（二） 多方沟通，高效执行

本项目具有项目投资额巨大、建设内容广泛、涉及政府部门繁多等特点，同时本项目是对日照市建市 30 周年的献礼工程，故项目社会影响力大，工期也十分紧张，这对咨询团队的沟通能力与执行效率提出了极高的要求。

为了降低沟通时间成本，咨询团队同时向市财政、市住建委和作为政府方出资代表的市公交集团汇报方案，多方实时论证，高效确定具体方案。

（三） 扎实研究，方案比选

在设计实施方案之前，咨询团队对日照市旅游旺季的客流量、当前交通线路、未来日照火车站火车班次容量等各方因素进行了大量资料采集，对本项目的建筑物、项目产出物规模等重要变量进行了多层次多方法的多轮论证。

随后对初步拟定的多个方案进行比较研究，力图保证物有所值评估和财政承受能力评估的比选实现最终 PPP 方案真正的物有所值，并减轻财政承担压力，避免地方政府盲目投资。

（四） 拔高要求，专注细节

本项目投资规模大，潜在参与的市场竞争者实力雄厚，大型国企、央企参与竞争，过程中不管是对项目方案、报告、合同等文本细节，还是对办事的流程都有着很高的要求。投资人联合体之间职责分工及项目的可落地性也是需要咨询机构重点考虑的问题。

在服务这个项目的过程中，我们团队对自己高标准、严要求，对条款规定深入研究，保证清晰明了；对文法排版设定标准，保证统一易读；对流程沟通制订计划，保证及时规范。此外，日照市同期实施的还有若干其他 PPP 项目，我方服务的项目在入库手续、项目报告规范、市场可接受程度、采购环节效率等各个环节均优于同期另一个项目，最终得到了委托方的全面好评。

案例四
山东省某县片区开发
PPP 项目

彭 程 经 楚

摘　要：

山东省某县片区开发 PPP 项目是当地第一个城镇综合开发类项目，由县人民政府授权实施机构，通过 PPP 模式引入社会资本负责片区的规划设计、投融资、建设、运营、维护和移交工作。本项目采用 BOT 模式，项目合作期 13 年，回报机制为可行性缺口补助。政府方同社会资本方共同出资设立项目公司负责项目的落地实施，政府方依照项目协议约定，监督项目公司建设运营成果，按可用性及运营维护绩效考核结果对项目公司支付相应补贴金额。

项目于 2018 年 10 月完成签约，最终通过公开招标确定某联合体为项目中标人。项目严格遵守国家及山东省的 PPP 政策要求，并积极探讨了政府性基金的合理使用方法，为当地乃至山东省的片区开发 PPP 项目实施起到一定的带头示范作用。

一 案例背景

项目所在县位于山东半岛中部，具有深厚的历史文化背景、便利的陆路水路综合交通环境、丰富的矿产和生态资源等多层次优势，经济逐年稳步增长，产业结构不断升级。

根据当地近年的政府报告及国民经济和社会发展"十三五"规划，县政府将统筹城乡建设、协调区域发展、改善民生环境作为重要发展战略。本项目所在地域处于县东部生态新城和重点经济发展带，该区域将着重打造健康养老、旅游度假、现代教育等板块，同时主要发展精品购物、时尚生活、娱乐休闲、文化展示、商务活动等现代都市商业，同中心城区形成对接。其次，县政府将加快建设新型城镇，在"十三五"期间将包括项目所在片区在内的县城东南部打造成高端宜居的生态新城。为此，县政府将着力完善规划区内的交通路网、电网、供热燃气管网、污水处理、景观等基础设施建设，以及开发区域内水资源，如本项目区域内水库扩建，开展雨水洪水资源利用工程建设，从而充分发掘当地的生态资源及地域文化特色，提升城市品质。此外，县政府也会推广实施农村新型社区建设，大力开展农村人居环境整治，推进社区实体化运行，提高社区管理服务水平。

本项目位于县城中心以南约 10 公里处，距离市区约 30 公里，项目占地面积约 700 公顷，规划建设用地约 7900 亩，主要为商业服务业设施用地、居住用地和公共管理与公共服务设施用地。项目片区的开发符合县政府的长期战略规划，同时毗邻多条主干道及省道，交通便利，内部也具有湖泊、山地等优质的自然资源和生态环境，适合进行文旅、健康、体育等产业的开发，也将为县新型城市建设和片区差异化管理做出贡献。

二　案例事件及过程

（一）　项目识别及准备

1. 项目边界条件

（1）项目内容

本项目属于城镇化综合开发项目，包含多个子项目，包括基础设施和公共服务设施建设、设施运营维护及配套用地准备等部分，如表1所示。此外，为了区域城建需要和产业发展需要，确保区域内土地供应，社会资本提供资金配合政府相关职能部门实施对区域内土地征收及相关税费补偿、现有房屋拆除补偿、居民搬迁补偿、安置补偿费用等。该部分前期政策处理资金也被纳入项目总投资。

表1　本项目建设及运营子项目	
建设及运营内容	**子项目**
项目前期政策处理投资	土地征收成本及相关税费
	拆迁安置补偿费用
基础设施建设	路网及管网建设项目
	公共交通场站
	水域整治
	公园广场
公服设施建设	体育场馆
	文体中心
	社区卫生服务中心
	养老院

续表

建设及运营内容	子项目
设施运营维护管理	包括但不限于道路养护、保洁、绿化维护、场馆维护、物业管理，以及其他受政府委托进行的运营管理维护工作等
规划设计咨询服务	包括区域内战略规划、空间规划、产业规划等相关规划服务，各建设子项目的工程设计、必要的建筑设计等相关设计服务

（2）项目资本金

根据《国务院关于调整和完善固定资产投资项目资本金制度的通知》（国发〔2015〕51号），并结合项目本身的融资需求，本 PPP 项目资本金比例设为总投资的 30%。

（3）合作期限

根据《基础设施和公用事业特许经营管理办法》的规定，"基础设施和公用事业特许经营期限应当根据行业特点、所提供公共产品或服务需求、项目生命周期、投资回收期等综合因素确定，最长不超过 30 年"。根据《关于进一步做好政府和社会资本合作项目示范工作的通知》（财金〔2015〕57号），政府和社会资本合作期限原则上不低于 10 年。

本项目的合作期设定为 13 年，其中建设期 3 年，运营期 10 年，示意如图 1 所示。

（4）投资计划

本项目总投资分三年完成，各子项目各年投资比例按投资需要进行差异化设计。

2. 项目运作方式

根据《财政部关于印发〈政府和社会资本合作模式操作指南（试行）〉的通知》（财金〔2014〕113号）、《国家发展改革委关于开展政府和社会资本合作的指导意见》（发改投资〔2014〕2724号）等 PPP 项目相关指导意见，PPP 的具体运作模式包括 BOT（建设—运营—移交）、BOOT（建设—拥

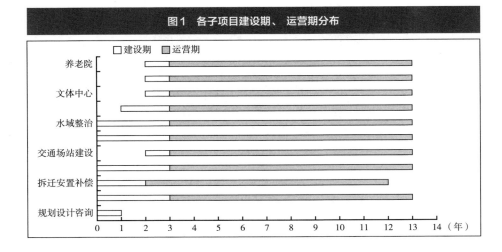

图1 各子项目建设期、运营期分布

有—运营—移交）、TOT（转让—运营—移交）、ROT（改扩建—运营—移交）、BOO（建设—拥有—运营）、DBFO（设计—建设—融资—运营）委托运营、管理合同等，政策鼓励各地可以根据当地实际及项目特点，积极探索，大胆创新，通过建立合理的机制，增强吸引社会资本能力，并灵活运用多种PPP模式，提高项目运作效率。

本项目包含基础设施和公共服务设施的建设工作以及运营维护工作，其公益性质也使得项目资产和权利不适合社会资本方最终"拥有"，项目到期需要移交（设定在设施之上的权利）。因此，采用BOT的模式进行运作。

3. 项目交易结构

本项目的交易结构如图2所示，当地县政府授权出资代表与社会资本方共同出资组建PPP项目公司。政府方出资代表出资比例为项目资本金的10%，社会资本方出资比例为项目资本金的90%。项目公司组建完成后，由PPP项目公司负责本项目的建设、融资、运营、维护。经营期满后，项目公司将新建基础设施、公共服务设施及设定在之上的建设运营等权利按照约定的移交标准无偿移交给县政府或其指定机构。

4. 项目融资方式

本项目采用无追索项目融资的方式，即项目公司将自身拥有的资产或权

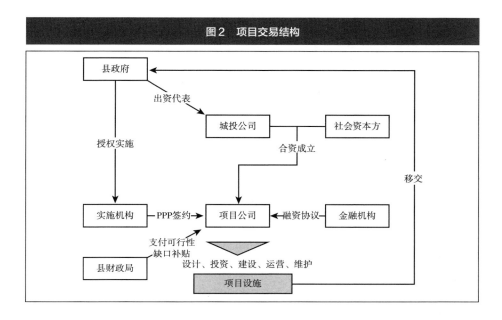

图2 项目交易结构

益作为融资担保，但如果项目公司不能顺利完成项目融资，则由社会资本方通过股东贷款、补充提供担保等方式解决，以确保项目公司的融资足额及时到位。

鉴于项目融资规模较大，除了采用银行贷款等传统融资方式以外，项目也考虑在满足《关于推进传统基础设施领域政府和社会资本合作（PPP）项目资产证券化相关工作的通知》（发改投资〔2016〕2698 号）、《关于规范开展政府和社会资本合作项目资产证券化有关事宜的通知》（财金〔2017〕55 号），以及上海证券交易所、深圳证券交易所发布的《政府和社会资本合作（PPP）项目资产支持证券信息披露指南》《PPP 项目资产支持证券挂牌条件确认指南》等政策要求后，通过基金、资产证券化等多元融资途径来筹集资金。资产证券化初步设计如图3所示，具体产品设计有待社会资本同金融机构谈判确定。

项目融资计划需经过实施机构备案或政府出具同意意见，并在 PPP 合同中明确；如项目提前终止或发生重大变化，于 PPP 合同中约定项目公司需提前解除相应资产融资抵押。

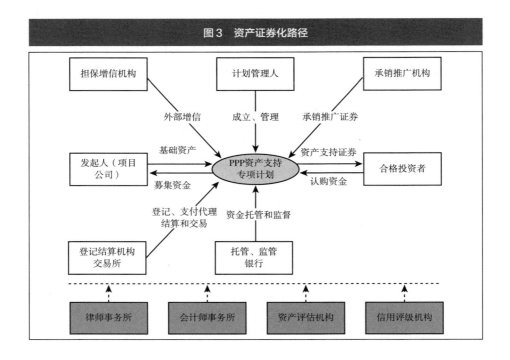

图3 资产证券化路径

5. 项目回报机制

本项目部分基础设施和公共服务设施（包括污水处理厂、体育场馆、文体中心、社区卫生服务中心、养老院，及其配套停车场等设施）具有经营属性，但体量较小，使用者付费不足以满足社会资本成本回收和合理回报，因此项目采用"可行性缺口补助"的回报机制，由政府向项目公司于运营期每年支付可行性缺口补助。

6. 项目合同体系

本项目的参与方包括政府、政府出资方、社会资本方、金融机构、保险公司、工程承包商等。项目参与方通过签订以PPP合同为中心的一系列合同来确立和调整彼此之间的权利义务关系，合理分配政府方与社会资本方的项目风险，主要包括PPP合同及其相关补充协议、工程施工承包合同、融资合同、保险合同、履约保证协议、项目公司合资协议等。其中，PPP合同是其他合同产生的基础，也是本项目的核心合同，主要约定政府方、社会资本方及项目公司等各方的权利义务、合同的转让承继、项目的合作期限、项目的投资概算、项目的前期准备工作、土地使用安排、项目建设安排及竣工验收评审、项目运营安排、项目结算方式及政府补贴支付方式、项目绩效考核方法、项目的移交及验收、项目提前终止的安排等内容。

7. 项目绩效考核方法

本项目设置可用性绩效考核和运营维护绩效考核。由实施机构牵头建设局、财政局以及子项目相关设施行业主管部门制定相应设施建设考核指标和运营维护考核指标，并定期考核，逐项打分，打分结果直接与政府支出的可行性缺口补贴费用挂钩。根据《关于规范政府和社会资本合作（PPP）综合信息平台项目库的管理通知》（财办金〔2017〕92 号）的要求，项目建设成本与绩效考核结果挂钩部分占比不应少于 30%。本项目需要进行运营维护的子项目包括道路及管网、交通场站、公园广场、水域及周边环境、体育场馆、文体中心、社区卫生服务中心及养老院。这些子项目的可用性补贴费用中的 30% 同其项目运营维护绩效考核挂钩。

对于子项目运维服务绩效未能达到绩效标准要求的，政府方须以书面形式通知项目公司在通知要求的时间内进行完善，否则政府方将按 PPP 合同中约定的付费公式对相应子项目运营维护费进行一定比例的扣减。

（二）项目采购

2018 年 4 月下旬，项目完成入库流程后，咨询团队与实施机构、县财政局在实施方案的基础上，开始编制项目招标文件及合同文本。经过对山东省财政厅《转发〈财政部关于规范政府和社会资本合作（PPP）综合信息平台项目库管理的通知〉的通知》（鲁财金〔2017〕77 号）的研究后，本项目决定采用公开招标形式选择社会资本，以便满足"两标并一标"的前提政策要求，节省政府项目实施过程中的采购成本。

资格预审公告发布后，项目引起了多家民营企业的兴趣。2018年8月，本项目最终正式确定某联合体为中标社会资本方。经过采购结果确认谈判，双方于10月上旬正式签署项目PPP合同。

三　案例结果

本项目于2018年内顺利完成采购流程，计划于年前开始落实项目的规划设计工作，于2019年开始实施优先建设的子项目建设工作。

项目区域定位为以发展旅游、文化、体育、健康、养老等产业为主，是县"十三五"规划中发展东部新城的重要落实项目。本项目的实施，能够提高当地基础设施及公共服务水平，对于片区民生水平和土地价值的提升可起到明显的推动作用。

同时，已入选山东省特色小镇创建名单的某特色小镇也将依托本项目对片区内基础设施、公共服务设施的完善进行后续建设开发，突出生态文化休闲旅游这一主导产业，计划利用5年左右的时间完成特色小镇各文旅、商业子项目的建设，着力打造环渤海乃至全国一流的休闲旅游度假区。项目建设完成后对于招商引资、聚集人力、提升城市知名度、拉动休闲旅游产业将发挥明显的作用，有利于当地第三产业的发展以及地方财政的增长。

四　案例评述

在操作本案例的过程中，项目团队对本项目特色有以下几点体会。

（一）　规范运作，严格遵循相关政策要求及省内解读

由于对 PPP 模式运作暂时未有统一规范的法律条文出台，不同地域对 PPP 项目的合规性解读存在一定的差异，咨询公司必须有针对性地分析项目所在地对 PPP 项目实施的政策要求，并对项目边界、运作方式等进行相应合规性调整。相对于国内其他地域，山东省对财政部出台的 PPP 政策指引通常解读更加审慎，团队第一时间学习了当地相关政策要求，并对政府方采购机构提出相关建议。

团队在项目前期准备及采购阶段都及时、有效地协助政府方了解最新政策方向，确保了项目全流程规范运作。

（二）　合理利用政府性基金作为政府支付责任来源

对于片区开发类项目，一般公共预算支出的 10% 通常难以支撑其巨大的投资额，通常县级政府财政难以在财承红线范围内满足片区开发项目的实施及投融资回报要求。因此，团队协助政府方对政府性基金的合理使用进行了可行性研究。

经过对财政部《关于印发〈政府和社会资本合作项目财政承受能力论证指引〉的通知》（财金〔2015〕21 号）、《财政部对十二届全国人大五次会议第 2587 号建议的答复》（财金函〔2017〕85 号）、《财政部关于在公共服务领域深入推进政府和社会资本合作工作的通知》（财金〔2016〕90 号）等指引文件的研究，团队明确了"对于政府性基金预算，可在符合政策方向和相关规定的前提下，统筹用于支持 PPP 项目"的合规性依据。此外，按照《国有土地使用权出让收支管理办法》，土地出让收入使用范围包括征地和拆迁补偿支出、土地开发支出、支农支出、城市建设支出以及

其他支出。因此，通过政府性基金中的土地出让收入支付社会资本在征拆补偿、土地开发、城市基建等方面的投资是合理的。

按照政府性基金预算管理遵循的"以收定支、专款专用、收支平衡、结余结转下年安排使用"原则，团队设计了本项目政府性基金的使用方法，主要遵循两项原则：第一，全生命周期内针对项目的全部政府性基金预算支出安排，不超过周期内项目为政府性基金预算带来的收入（即项目周期内，PPP项目应当能为基金带来正向收益）；第二，项目全生命周期内每一年度，针对某PPP项目的政府性基金预算支出安排，不应超过该项基金本年收入的一定比例与上年结余之和（即项目周期内，控制隐形债务风险）。由于项目可用性付费部分主要补贴于项目各基建和公共服务子项目建设投资，因此本项目可用性付费部分由政府性基金统筹支出。

团队在项目财承报告中编制了政府性基金使用说明和相关测算，表明使用基金的科学性和合理性，并通过专家评审或政府审批，为项目的顺利入库和后期实施奠定了基础。

（三） 科学安排投资计划，估算土地收益留成

在项目准备过程中，团队总结投资计划的时序设计和合作期内片区土地增值速度及出让收益对政府性基金的贡献估算属于片区开发项目的重难点。

由于片区开发项目规模较大，包含的子项目种类较多，且项目实施过程中涉及土地的征拆及出让，需要充分考虑政府方平滑建设期土地征拆年支出，平衡运营期片区开发进度与土地增值所带来的土地出让收益最大化等需求，团队科学安排土地整理及出让工作时序计划：对于各子项目的建设时序，按前期立项规划进行建设时序安排，或参考当地同类项目成本，以平滑各年投资额的方式或参考当地行业惯例进行建设时序安排。

对于土地价格增幅增速的估算以及项目用地指标，团队与当地国土部

门沟通调研目标片区周边地域的土地市场价格、当地近年地价变动情况，以及土地出让收益纳入政府性基金时各项支出、上缴政府基金提取标准和本级政府留成比例等，以期做到有依有据、合理估算土地收益留成，以便更加科学地对项目财务平衡水平进行测算。

（四） 强调绩效考核，避免固化政府支出

根据《关于规范政府和社会资本合作（PPP）综合信息平台项目库管理的通知》（财办金〔2017〕92 号）的要求，PPP 项目建设成本需要参与绩效考核，且实际与绩效考核结果挂钩部分占比应达到 30% 或以上，避免固化政府支出责任。该政策要求体现了国家对 PPP 项目实施质量的逐步重视。团队遵循政策要求，在本项目实施方案及合同协议中约定了可用性绩效考核及运营维护绩效考核的指标及考核办法。由于片区开发项目的可用性绩效考核涉及多个建筑行业的设计、施工、验收标准，运营维护绩效考核也涉及多个行业的安全、养护、维保要求，且项目边界范围在前期准备阶段尚缺乏足够的明确性，因此绩效考核办法的设计也属于此类项目的难点。团队于项目合同中约定原则性考核框架，并将于合同补充协议中进一步明确考核细则。

案例五
贵州施秉县城和乡镇污水（含管网）一体化 PPP 项目

——以 PPP 咨询开展"精准扶贫"

彭　程　林　森　王佳希

摘 要：

贵州省黔东南苗族侗族自治州施秉县为中国投资有限责任公司（以下简称"中投集团"）和中国建银投资有限责任公司（以下简称"中国建投"）定点帮扶的贫困县。2017 年初，中国投资咨询公司积极响应集团号召，发挥自身特长优势，开始在施秉县开展 PPP 项目培训及后续服务交流，最终确定以施秉县县城和乡镇污水处理工程为重点实施项目。中国投资咨询公司配置了专业的团队和人员进驻当地，克服路途偏远、条件艰苦等客观困难，以吃苦耐劳的奋斗精神和专业专注的职业态度，顺利完成项目全流程咨询服务工作，帮助施秉县污水项目合法、合规落地，且最终中标价格较为合理，为当地政府和财政减轻了支出压力，圆满完成了"智力输出、精准扶贫"的任务。

一　案例背景

（一）区域背景

施秉县，地处贵州省的中东部、黔东南苗族侗族自治州的西北部，为黔东南、铜仁、遵义三地州（市）结合部，因境内有巴施山和秉水，取山水之名而得"施秉"。

施秉县东邻镇远，北壤铜仁石阡县，南连台江县可达广西，东南与剑河县相邻，西面与遵义地区余庆县交界，县城距州府凯里市 78 公里，距省会贵阳市 230 公里，总面积约 1543.8 平方千米，辖 5 镇 3 乡，人口约 15.6 万，县境内居民计有苗、侗、布依、汉等 13 个民族。施秉县三面环水，一面环山，与外部的交通连接相对滞后，人均 GDP 低于国内平均水平，属于我国西南地区较为典型的贫困地区。

就当地污水处理的现状而言，施秉县县城老城区目前已新建完成的道路尚无配套的市政污水管网，县城西北部正在开发的区域亦无配套的污水管网。随着施秉县县城经济的发展和人口的增加，污水量必然增加，上述区域需要扩建现有的污水处理厂并铺设配套的污水管网。

施秉县下辖的几个乡镇中，甘溪乡、白垛乡、马溪乡、杨柳塘镇、双井镇及马号镇村域内雨水、污水经路边明沟或暗沟就近排入水体，对水环境造成污染。牛大场镇排水基础设施建设落后，污水渗漏严重，大多数排污沟断面不合理，雨季堵塞，致使雨污水排水不畅，局部地区受涝，污水未经处理直接排入黑洞河，导致局部河段污染严重。以上问题严重影响施秉县县区和镇区的容貌及居民的生活环境，产生水资源安全隐患。

因此，施秉县现阶段亟须完善县城和乡镇的污水收集系统，提高污水收集率，进一步扩建污水处理厂，实现雨污分流，以保护当地的水环境和水资源。污水处理工程的实施同时可以提升施秉县县城和乡镇的环境质量，提高居民的生活水平和健康水平，改善投资环境，促进经济效益、环境效益、社会效益同步提高。

（二） 政策背景

2015 年国务院发布的《水污染防治行动计划》提出，须强化城镇生活污染治理，加快城镇污水处理设施建设与改造，现有城镇污水处理设施，要因地制宜进行改造，2020 年底前达到相应排放标准或再生利用要求。另外，应加快农村环境综合整治，以县级行政区域为单元，实行农村污水处理统一规划、统一建设、统一管理，有条件的地区积极推进城镇污水处理设施和服务向农村延伸。同时应全面加强配套管网建设，强化城中村、老旧城区和城乡结合部污水截流、收集。污水处理的同时推进污泥处理处置，污水处理设施产生的污泥应进行稳定化、无害化和资源化处理处置，禁止处理处置不达标的污泥进入耕地。

《贵州省"十三五"城镇污水处理及再生利用设施建设规划》中明确提到，贵州省污水处理设施建设仍然存在着区域分布不均衡、配套管网建设滞后、建制镇设施明显不足、老旧管网渗漏严重、设施提标改造需求迫切、部分污泥处置存在二次污染隐患、再生水利用效率不高、重建设轻管理等突出问题，城镇污水处理的成效与群众对水环境改善的期待还存在差距。为此，在"十三五"期间，应进一步统筹规划污水处理设施建设，合理布局，加大投入，实现城镇污水处理设施建设由"规模增长"向"提质增效"转变，由"重水轻泥"向"泥水并重"转变，由"污水处理"向"再生利用"转变，全面提升贵州省城镇污水处理设施的保障能力和服务水平，使群众切实感受到水环境质量改善的成效。

二 案例事件及过程

（一） 前期培训与准备

自 2011 年起，中国投资有限责任公司（以下简称"中投集团"）开始实施对施秉县的对口帮扶，中国建银投资有限责任公司（以下简称"中国建投"）作为中投集团直管企业具体执行帮扶工作，几年来对施秉县的发展需求进行了细致的分析与整理，并充分调动集团内部资源，为施秉县的扶贫脱贫、基础设施建设、产业转型发展等多方面提供了巨大的帮助。

2017 年初，中国投资咨询公司发挥自身在 PPP 咨询方面的丰富经验，开始以智力帮扶的形式，积极参与到对施秉县的扶贫工作当中。同年 3 月，中国投资咨询公司领导带领项目团队前往施秉调研，并为施秉县人民政府及财政、发改等主要部门提供 PPP 政策宣讲、案例培训和问题解答等服务，就党和国家的最新政策方针、PPP 模式的构建思路、项目实施的具体办法等与当地主要负责单位和负责人进行讨论沟通。培训和服务内容通过新旧模式对比，以及"智力扶贫""精准扶贫"思路的传达，帮助施秉县各级政府部门了解和掌握新形势下谋求发展的方向；同时内容涵盖了中国投资咨询公司多年来在全国各地 PPP 项目实施的宝贵经验和心得，内容兼具深度和可操作性，为施秉县人民政府和主要领导部门提供了有针对性的新思路和新方向。

在前期培训、辅导和交流的基础上，中国投资咨询公司派出经验丰富的业务团队深入施秉县当地调研，与各个主要部门充分交流和沟通，梳理地方各类项目实施的清单，分析基础设施、市政道路、旅游、学校等不同项目的操作模式和实施框架，为施秉县政府提供存量项目与增量项目相结合的实施思路，在反复讨论、充分论证之后，最终确定了施秉县城和乡镇污水处理工程 PPP 项目作为本次精准扶贫的核心项目。

（二） 项目实施与执行

为了保障项目的顺利实施和落地，中国投资咨询公司团队组建了一个在水务、金融、财务等相关领域具备丰富经验的项目团队，深入施秉县当地负责项目的全流程咨询工作。

项目团队首先接触和走访了施秉县当地的主管部门，收集汇总了现有的污水处理和污水收集情况。基于现有情况和当地的中长期规划，并与业主充分沟通交流之后，项目团队明确了项目的建设内容与实施边界，包括如下三个方面：施秉县县城污水处理厂一期工程的运营部分；施秉县县城污水处理厂二期工程厂区部分建设、投融资、运营及移交，管网部分的建设、投融资及移交；施秉县乡镇污水处理工程建设、投融资、运营及移交。

在明确了本项目的实施边界和实施标准后，项目团队即着手开展下一阶段物有所值评价、财政承受能力论证以及项目实施方案（"两评一案"）的编写工作。本项目与常规污水处理项目的不同之处体现在如下几个方面，首先，实施内容包含了政府存量资产和新建任务两个模块，在如何处置方面需要分别考虑；其次，实施内容同时涉及施秉县县城及其下辖的乡镇，跨越两个行政层级，建设地点分散；最后，每个层级的实施内容均同时包含污水处理设施和污水收集管网，从资产权属、工程属性、建设标准，到财务模型、收费计价、绩效考核，这两者均有显著差别。复杂的项目实施内容对项目团队提出了很高的技术要求，要求项目团队能够在合法合规的前提下，为项目设计出合理、有效、可操作的交易结构，并搭建配套的财务模型。项目团队研究了国内外数十余个经典案例，从最传统最古典的运作模式，到最创新最前沿的操作方法，都进行了学习、分析和讨论，并创新性地运用多维度投资分析工具，定性总结归纳不同情形下的优劣得失；并采用蒙特卡洛模型对计费计价进行模拟，以求用定量的方法更深刻地理解项目参数变动对项目收益支出的影响。经过反复模拟反复论证，项目团队最终确定了符合业主需求的运作模式和符合当地财政状况的交易结构，并得到了市场测试的反馈验证。

项目物有所值评价、财政承受能力论证获得专家评审通过，项目实施方案得到政府审定批复之后，项目的执行即进入落地前的最后一环，即社会资本方的招标采购与项目合同的谈判签订。由于本项目同时涉及存量资产和新建资产，在不同层级上均涉及污水处理设施和污水收集管网两套体系，使得 PPP 合同的编制难度极高。项目团队为保证合同条款具备完整性、合理性和可操作性，并在可预见的未来一段时间跨度内具有前瞻性，制定了自上而下、从宏观到具体的编写步骤。在遍览、学习了几十份项目合同、与业主单位充分交流的基础上，首先整理、罗列出项目合同的宏观框架，然后就框架间的逻辑关系、主体间的法律关系、条款设定产生的影响进行逐一分解，最终在完善的框架和严密的逻辑之下，完成了项目合同的全部内容。在完成项目招标采购后，项目团队为保证项目执行更加贴近业主与拟中标社会资本方的实际情况，紧密跟踪项目谈判的整个过程，以谈判备忘录为出发点对项目合同进行再修订，最终保证了项目在 2018 年的圆满落地和顺利实施。

三 案例结果

本项目的部分实施方案和成果如下。

（一） 项目产出说明

施秉县县城污水处理厂二期工程建成后，配合施秉县县城污水处理厂一期工程，将大幅提高整个施秉县县城的污水处理能力。项目服务范围内每年排放入潕阳河水体的主要污染物质将大幅减少，排入潕阳河水体的污水将得到有效控制，一定程度上解决了潕阳河的污染问题，有效改善水环境质量和县城的环境卫生。

施秉县乡镇污水处理工程将在各乡镇建设污水处理厂，并配备建设污水管网，结合镇区排水分区，根据发展时序分近远期建设，污水通过管网送至镇区污水厂集中处理达标后排放。乡镇污水处理工程的建设解决了镇区污水未经处理直接排放导致水体污染的问题，有利于保护镇区的水体质量和水体环境，同时解决了镇区雨涝灾害的问题，改善了镇区居民的居住环境质量，有利于塑造乡镇形象，吸引投资，促进旅游业的发展。

本项目的实施，可扩大内需，增加就业，维护社会稳定，可有效地解决水体污染问题，提高施秉县人民生活用水的安全性，提高城市卫生水平，保护人民身体健康，保护人文和自然风景，促进城市旅游业的发展。同时，本项目的实施，可改善投资环境，使工业企业不会再因水污染而影响发展，进而吸引更多的内、外投资者，促进城市经济健康和谐发展。因此，本项目是把施秉县建设成为一座风景优美、经济繁荣、社会稳定、生活方便的旅游城市和生态宜居城市至关重要的基础设施项目。

综上所述，施秉县县城及乡镇污水处理工程 PPP 项目的建设，将解决施秉县县城及乡镇现有生活污水及工业废水不能有效收集输送至污水处理厂的问题，减少污水排放对周边水体的污染，使水体环境得以保护，改善投资环境，促进经济发展。

（二）项目运作模式

根据《财政部关于印发〈政府和社会资本合作模式操作指南（试行）〉的通知》（财金〔2014〕113 号）、《国家发展改革委关于开展政府和社会资本合作的指导意见》（发改投资〔2014〕2724号）等相关政策文件的规定，PPP的具体运作模式包括BOT（建设—运营—移交）、BOOT（建设—拥有—运营—移交）、TOT（转让—运营—移交）、ROT（改扩建—运营—移交）、BOO（建设—拥有—运营）、DBFO（设计—建设—融资—运营）、委托运营、管理合同等。政策鼓励各地根据当地实际情况和项目特点，积极探索，大胆创新，通过建立合理的机制，灵活运用多种PPP模式，增强对社会资本的吸引力，提高项目的运作效率。

结合施秉县当地的特色和本项目的具体情况，本项目的运作模式选择综合考虑如下因素。

1. 从项目的建设内容上出发，主要分为存量（已建成）和新建（待建设）两个部分，需要进行资产的移交处置。

2. 从项目的运营内容上出发，主要分为污水处理厂（以运营为主）和乡镇管网（以维护为主）两个部分，需要分开予以考量。

3. 从项目的属性上出发，污水处理项目具有较强的公益属性和社会民生属性，在我国类似污水处理、供排水、天然气等市政行业均广泛采用特许经营的模式，即政府方通过签约，将特定范围内经营、维护的权利交给具有相关专业能力的社会资本方。但基础设施并不交付社会资本长期"拥有"，其最终所有权仍归属政府方。

综上所述，结合污水处理行业较为成熟的运作经验，本项目拟采用如下运作方式：

1. 存量部分，县城污水处理厂一期工程采用委托运营模式；

2. 新建部分，县城污水处理厂二期工程和乡镇污水处理厂工程采用BOT模式（建设—运营—移交），乡镇管网工程采用DBFO模式（设计—建设—融资—运营）。

（三）项目交易结构与股权架构

施秉县人民政府授权指定机构与中标的社会资本方签订PPP项目合同，并授权其出资代表与社会资本方依法在施秉县共同成立 PPP 项目公司。在合作期内，项目公司负责本项目的设计、融资、建设、运营维护和移交工作。

项目建设期内，项目公司需按照 PPP 项目合同约定完成全部项目设施的建设任务；政府方负责监督项目公司的设计、投资、建设工作，并提供必要支持。

项目运营期内，项目公司负责项目的日常运营和维护保养工作；政府方需按照 PPP 项目合同的约定向项目公司支付相关费用。项目运营期届满时，项目公司需按政府方约定方式完成项目设施的移交处置工作。

本项目的交易结构如图 1 所示。

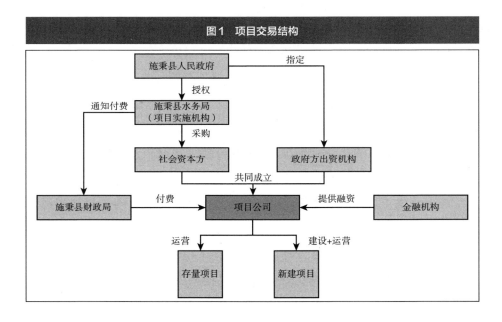

图1　项目交易结构

本项目的项目资本金为本项目总投资的30%，项目注册资本等于项目资本金。水投公司作为政府方指定的出资方代表，出资 100 万元，中标社会资本方出资补足剩余注册资本。政府出资方代表与社会资本方的出资比例为 2.56：97.44，政府出资方代表不参与项目公司的分红。

（四）项目采购成果

在项目的招标采购环节，该项目吸引了数十家实力雄厚的社会资本方关注，其中资格预审环节竞争激烈。最终入围的公司中，包括贵州当地一家有名的环保类民企，及多家在内地或香港上市的上市公司。项目最终成交价格显著低于施秉县周边同类地区的同类型项目。横向比较施秉县所处黔东南苗族侗族自治州内其他污水处理工程，项目在 28 年的全生命周期内可为地方政府与财政节约支出超过两千万元。

四　案例评述

我国自 20 世纪 80 年代中期开始扶贫开发工作，经过 30 多年的不懈努力，积累了丰富的实践经验，取得了举世瞩目的辉煌成就。但长期以来贫困人口情况不明、扶贫工作指向性不强、扶贫资金和项目缺乏持久性等问题也较为突出，在一定程度上影响了扶贫工作的效率。《中共中央、国务院关于打赢脱贫攻坚战的决定》明确指出，到 2020 年要实现 7000 万农村贫困人口摆脱贫困的目标，这个过程需要坚持 6 项基本原则，其中之一即是"坚持保护生态，实现绿色发展"。党的十九大报告指出，"确保到 2020 年我国现行标准下农村人口实现脱贫，贫困县全部摘帽，解决区域性整体贫困，做到脱真贫、真脱贫"，同时指出要"推进绿色发展"，构建符合绿色发展理念的经济体系、能源体系等。正如习总书记提出的"既要创造更多物质财富和精神财富以满足人民日益增长的美好生活需要，也要提供更多优质生态产品以满足人民日益增长的优美生态环境需要"，在实施精准扶贫的进程中，全面贯彻绿色发展理念，关注生态环境，提升贫困人口对优良生态品质的满足感，成为贫困地区破解当前社会主要矛盾的重要内容之一。为此，如何在工作中坚持把绿色发展作为重要指导思想，把生态保护放在优先地位，成为扶贫工作者新的探索方向之一。

施秉县污水项目作为当地规范 PPP 项目成功落地的首例，不仅是咨询工作的价值展现，其扶贫工作的属性以及项目推进中的地方特色也给我们带来很多深层次的思考。首先，习近平总书记在贵州省考察调研时曾提出"贵在精准，重在精准，成败之举在于精准"。本次确定污水项目通过 PPP 模式实施，既符合当地城镇化和支柱产业旅游业发展的迫切需求，也完全符合国家在环保方面大力推行的相关政策。"绿水青山就是金山银山"，对于施秉县而言，把环境保护、生态建设放在重要地位，通过优美的风景和山水吸引投资，发展旅游业，是摘掉贫困帽子的重要手段。因此污水 PPP 项目的确定和实施，完全符合党和国家"精准扶贫"的要求，是扶贫精神得到贯彻的体现。其次，"从污染防治出发、实现绿色发展"，这一理念和思路并非贫困地区独有，从发达地区到落后地区，各个地方政府都在积极响应党中央、国务院提出的这一战略主导思想。习总书记提出"要把生态环境保护放在更加突出位置，像保护眼睛一样保护生态环境，像对待生命一样对待生态环境"，但在具体操作中，如何因地制宜实现发展与绿色有机融合，还需要参与各方去挖掘和探讨。在精准扶贫的工作中，合理、巧妙地结合自然资源、经济资源、社会资源，提升地方资源配置效率，进而获得经济效益、社会效益、生态效益的全面提升，达到改善贫困人口收入的目的，实现摆脱贫困的目标，已被证明是切实可行的出路，问题在于如何统筹兼顾，站在长远角度制订规划和方案。本次施秉县的污水 PPP 项目，是中国投资咨询公司一次具有示范意义的成功探索，证明了精准扶贫和绿色发展的战略统一能真正给地方带来价值，并将顶层设计语言逐级传导到基层，落实到地方规划和项目实施当中。

案例六
青岛市海绵城市试点区
（李沧区）建设 PPP 项目

王小文　柏　云

摘　要：

青岛市海绵城市建设试点区（李沧区）PPP项目分为大村河流域、板桥坊河流域和楼山河流域三个PPP项目包，投资规模约为21.7亿元。项目按三个流域分别采购三家社会资本方，由各流域中选社会资本方分别与政府方出资代表成立项目公司，负责有关项目的融资、建设、运营工作。中国投资咨询有限责任公司作为政府方委托的第三方PPP专业咨询机构，按照合法合规、实事求是、专业尽责的原则，助力本项目顺利落地。

一　案例背景

自党的十八届三中全会报告提出要把生态文明建设放在突出地位后，国家就不断地推进海绵城市①建设工作。2014 年 10 月，住建部发布《海绵城市建设技术指南》，2015 年 5 月财政部、住建部、水利部三部委确定首批海绵城市建设试点城市，2015 年 10 月，《国务院办公厅关于推进海绵城市建设的指导意见》（国办发〔2015〕75 号）颁布出台，2016 年 2 月财政部办公厅、住房和城乡建设办公厅、水利部办公厅发布《关于开展 2016 年中央财政支持海绵城市建设试点工作的通知》（财办建〔2016〕25 号），确定了第二批海绵城市建设试点名单，青岛市位列其中。

作为第二批试点城市，青岛市于 2016 年正式颁布了《青岛市海绵城市专项规划 （2016–2030 年)》，以水生态、水环境、水安全以及水资源等方面为建设指引，区域整体实现年径流总量控制率 75%、面源污染削减率（以 SS② 计） 65%。

规划期限 15 年（2016 年到 2030 年），分为近期、中期、远期三个目标。近期目标为 2016 年至 2018 年，海绵城市试点区达到海绵城市建设要求；中期目标为 2019 年至 2020 年，城市建成区 25% 以上的面积达到海绵城市建设要求；远期目标为 2021 年至 2030 年，城市建成区 80% 以上的面积达到海绵城市建设要求。

青岛海绵城市建设以海绵城市建设理念引领青岛市城市发展，促进生

---

① 海绵城市是指通过加强城市规划建设管理，充分发挥建筑、道路和绿地、水系等生态系统对雨水的吸纳、蓄渗和缓释作用，有效控制雨水径流，实现自然积存、自然渗透、自然净化的城市发展方式。

② Suspended Substance，即水质中的悬浮物。

态保护、经济社会发展和文化传承，以生态、安全、活力的海绵建设塑造青岛城市新形象，确定"水生态良好、水安全保障、水环境改善、水景观优美、水文化丰富"的发展战略，建设具有海滨山城特色的海绵城市。

根据青岛市海绵城市试点的要求，选择李沧区内 25.24 平方公里的区域作为试点区，该试点区北起遵义路—重庆路—湘潭路一线，南达唐山路—果园路一线，东至与城阳区交界—青银高速一线，西到环湾大道—四流北路一线。新城区面积约 7.07 平方公里，老城区面积约 18.17 平方公里。

二 案例事件及过程

（一）案例事件

1. 项目投资建设情况

青岛市海绵城市建设试点区（李沧区）PPP 项目（以下简称"本项目"），按流域分为大村河流域、板桥坊河流域和楼山河流域三个 PPP 项目包，投资规模约为 21.7 亿元。

楼山河流域 PPP 项目包，流域面积约为 10.16 平方公里，PPP 项目总投资约为 14.5 亿元，包括建筑与小区项目 4 项、公园绿地项目 5 项、管网建设项目 3 项、水系生态项目 1 项，共计 13 项。

大村河流域 PPP 项目包，汇水分区面积约为 8.53 平方公里，PPP 项目总投资约为 4.7 亿元，包括建筑与小区项目 22 项、管网建设项目 6 项，共计 28 项。

板桥坊河流域 PPP 项目包，汇水分区面积约为 6.54 平方公里，PPP 项目总投资约为 2.5 亿元，包括建筑与小区项目 23 项、公园绿地项目 1 项、管网建设项目 6 项、内涝治理项目 1 项，共计 31 项。

2. 项目产出说明

（1）生态效益产出

项目通过渗、滞、蓄、净、用、排等多种技术，实现区域良性水文循环，提高对径流雨水的渗透、调蓄、净化、利用和排放能力，减少洪涝灾害，提高水污染防治水平。

● 污染控制

通过海绵城市建设有效控制面源污染，改善水体水质，减少因面源污染而带来的城市水环境问题，整体改善生态系统和水环境，提高城市水环境容量。

● 内涝防治

通过低影响开发措施的建设和使用，有效削减区域内径流峰值流量和峰值强度，达到不同地块径流错峰的目的，有效消除内涝点，对内涝防治起到一定的作用。

（2）经济效益产出

通过实施本项目，有效实现源头控污，降低后续污染治理成本；通过海绵项目的建设和运营，增加大量就业岗位；同时，可以促使相关产业链延伸，大力推动环保事业发展，对于带动李沧区和青岛市的整体海绵城市建设起到重要作用。

（3）社会效益产出

海绵城市建设对于李沧区社会经济的可持续发展将起到重要作用。改善城市生态系统、城市景观和水环境质量，使水城融合，较好地满足广大市民对城市环境的需求。通过海绵城市的改造，改善小区居住环境和形象，提高居民舒适感，提升城市品位和形象。

本项目的实施，有助于整体提高城市水环境质量，减少和消除内涝灾害，有助于区域环保产业的成长和发展，提升城市整体生态环境面貌，打造宜居城市，保障人民安居乐业。

（二） 案例过程

1. PPP 实施主要内容

（1） 运作方式

本项目采用 BOT（建设—运营—移交）的运作方式进行运作。具体实施路径如下。

（a） 经李沧区人民政府授权，由区建管局通过法定程序采购社会资本方。

（b） 由李沧区人民政府授权政府方出资代表，与中选社会资本方签署《股东协议》。

（c） 政府方出资代表与中选社会资本方按照《公司法》及 PPP 项目采购要求共同组建 PPP 项目公司。

（d） 李沧区人民政府授权区建管局与 PPP 项目公司签订《PPP 项目合同》。

（e） 项目公司负责本项目的融资、建设、运营、维护，区建管局对项目公司进行绩效考核，并根据绩效考核结果向项目公司付费。

（f） 项目合作期满，项目公司将所涉及的项目设施完好无偿移交给李沧区人民政府或其指定单位。

（2） 投融资结构

● 项目资本金

根据《国务院关于调整和完善固定资产投资项目资本金制度的通知》（国发〔2015〕51 号）文件的要求，并综合考虑金融机构贷款相关规定，确定本项目资本金为项目总投资的 30%。

● 项目融资

除资本金外，其他建设资金通过银行贷款等方式筹集。根据李沧区相关政策要求，本项目鼓励社会资本同等条件下优先向李沧区辖区内注册纳税的金融机构融资。

● 项目股权比例

考虑到本项目为公益性项目，为更好地吸引社会资本，同时顾及李沧区人民政府的财政统筹情况，确定政府方出资代表和社会资本方注册资本金以29：71的比例成立项目公司。

（3）项目回报机制

项目回报机制是项目收益的来源方式，项目回报机制决定了社会资本的回报方式及稳定性，是政府和社会资本共同的核心关注点，因而是政府和社会资本合作的重要基础，也是PPP项目合同中最为关键的条款之一。

本项目回报机制为可行性缺口补助，本项目通过收取广告费和政府可行性缺口补助等方式弥补其建设投资和运营维护成本，并获得合理回报。项目根据"按效付费"原则实施，可用性付费、运营服务费与绩效考核挂钩，避免项目公司在实施过程中重建设、轻运营，导致后期运营效果不佳的问题。

（4）绩效考核

海绵城市建设以及运营过程中，完善的绩效考核与付费制度，可确保有关规划和工作目标的实现。本项目绩效考核由建设期考核和运营期考核构成。其中，建设期考核包括项目质量、工期、环境保护、安全施工、社会影响等五个方面的考核。运营期考核包括各项海绵设施运营维护质量与效果考核以及从水生态、水环境、水资源、水安全、显示度、安全性、利益相关者满意度等方面建立的整体海绵效果考核。

本项目涉及源头控制、过程改善和末端治理三种类型的项目，为分清各方责任，支持按效付费机制，需建立完善的监测网络。采取逐级溯源的思路，对每个项目地块、道路管网及最终受纳水体进行监测，确认每个

PPP 项目是否达标及达标情况，从而明确各方责任。

（5）项目合同体系

本项目的合同体系包括两个层次（具体见图1）。

第一层次为实施机构、政府出资方代表、社会资本方、项目公司之间围绕项目的实施签订的一系列主要合同，形成以《股东投资合作协议》《PPP 项目合同》为核心的合同体系。

图1　项目合同体系

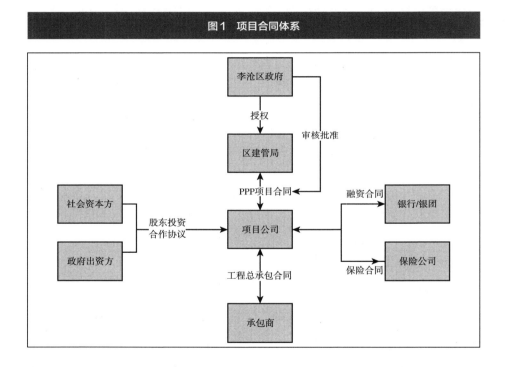

第二层次为项目公司与本项目执行过程中各相关方签署的合同体系。包括项目公司与贷款方的《融资合同》、与施工单位签署的《工程总承包合同》、与保险机构签署的《保险合同》等。

2. 项目采购实施过程

PPP 招标根据实际需求，明确思路，合法、合规、合理、科学地选择信誉好、能力强的社会资本方参与到李沧区海绵城市建设中来。

第一阶段：发布资格预审公告及文件。结合项目实际情况，本PPP项目按照三个流域分为三个标段，采用"兼投不兼中"原则进行招标。资格预审文件采用合格制，让更多有实力的社会资本有机会参与到本PPP项目中来。资格预审文件于2017年9月5日在中国政府采购网及相关网站发布资格预审公告，2017年9月27日进行了资格预审开标会议。

第二阶段：公开招标文件的编制。在评分标准方面，本评分办法采用了青岛市政府采购PPP项目招标文件的固定格式。各模块分值通过对比其他已招标的海绵城市PPP项目的评分分值，进行大数据分析并结合李沧区海绵PPP项目的特点设定。为了防止出现低价中标情况，采用综合评分法，其中运营费报价为零的报价部分不得分。在业绩加分项方面，主要依据本项目的特点及考察投标企业在施工、融资、PPP、运营等方面的能力，合理地设置加分项。在技术标方面采用暗标的形式体现公平、公开、公正。2017年9月29日发布了公开招标公告。

第三阶段：开标评标阶段。结合项目技术特点，由住建部海绵城市建设专家2名、财政部PPP专家1名和山东省政府采购专家库专家3名、实施机构代表1名组成评标专家组进行评标，高水平评标专家组保证了PPP项目采购的严谨细致。本项目于2017年10月31日进行开标评标。

三　案例结果

（一）中标结果

采购评审结束后，李沧区政府成立了由技术、法律、财务等部门组成的采购结果确认谈判工作组，负责采购结果确认前的谈判和最终的采购结果确认工作。经过谈判和交流，区建管局分别与北京建工集团有限责任公司联合体、北京桑德环境工程有限公司联合体、环能科技股份有限公司联合体就楼山河流域、大村河流域、板桥坊河流域三个项目标段在各方面条款上达成了一致意见并签署了确认谈判备忘录，并在 2017 年 11 月 3 日发布了预中标公示，在预中标公示的 5 个工作日内没有提出质疑，于 2017 年 11 月 13 日发布了中标公告并出具了中标通知书，招标过程顺利结束。

（二） PPP 实施的影响

本项目通过规范的 PPP 模式，能够将李沧区政府的发展规划、市场监督、公共服务职能，与三家有实力的社会资本方的管理效率、技术创新动力有机结合，减少政府对微观事务的过度参与，与传统政府采购模式相比，可以提高海绵城市建设运营效率与质量，降低海绵城市项目全生命周期成本。

青岛市李沧区海绵城市建设通过 PPP 的实施，将具有高水平建设和丰富运营管理经验的三家社会资本方引入青岛市李沧区，与李沧区人民政府授权的出资代表共同成立项目公司，建设现代企业管理制度，有利于促进青岛市海绵城市行业的健康发展。

四 案例评述

青岛市海绵城市建设试点区（李沧区）PPP 项目在前期咨询、中期评标、后期合同编制谈判过程中，邀请住建部、财政部专家全程参与，保证了整个环节的高质量、高水平。为了项目的顺利实施，PPP 项目实施操作中遵循了"合法合规、实事求是、政府主导"的原则，具体如下。

（一） 按照国家法规和政策要求实施操作

1. 付费参照财政部政策指引，有利于缓解短期财政支付压力

本项目付费公式参照了《政府和社会资本合作项目财政承受能力论证指引》（财金〔2015〕21 号）中的运营补贴公式，与 PPP 实际操作中经常采用的年金公式相比，该付费模式的特点是前期付费较低，后期付费逐渐增加，可以有效缓解青岛市李沧区中短期财政支出压力。

2. 可用性付费与绩效考核挂钩，有利于建立按效付费机制

结合财政部最新政策和国家海绵城市试点考核的要求，在 PPP 项目合同中明确可用性付费每年扣除 30%，和运营服务费一起，与运营绩效考核挂钩，按绩效考核的结果进行付费，建立完善的按效付费机制。

（二） 按照项目实际情况实施操作

1. 设置设计方案调整机制，有利于项目考核达标

根据项目实际情况，为了加快项目推进，本项目的设计由政府方先行招标并实施。考虑到设计原因对项目绩效考核的影响，本项目实施方案边界条件中，设置了中标社会资本方对项目设计方案进行优化调整的权力，有利于项目绩效考核达标。

2. 设置股权转让限制机制，有利于项目稳定运营

考虑到对于政府方而言，如果社会资本方将自身或项目公司的部分或全部股权转让给不符合资格条件的主体，将有可能直接导致项目无法按照既定目的或标准实施，本项目设置了股权转让限制机制，自项目运营五年之后，经李沧区人民政府书面同意后，社会资本方才可以转让其在项目公司中的全部或部分股权，但受让方应满足约定的技术能力、财

务信用、运营维护经验等基本条件。该项约定的达成，有利于本项目稳定运营。

（三） 按照政府方诉求实施操作

1. 积极响应政府方的政策，拓展项目融资的渠道

根据李沧区人民政府办公室于 2017 年 7 月 3 日颁布的《关于进一步规范建设资金管理使用的通知》，为了在融资实施中尽可能符合该文件的精神，本项目设置了如下条件："在项目融资上，鼓励社会资本方在同等条件下优先向李沧区辖区内注册纳税的金融机构融资。"

2. 对联合体有针对性地设置要求，有利于项目的顺利实施

为了保证项目建设质量以及稳定运营，项目实施中设定了联合体的数量、专业类型和母子公司限制投标以及联合体牵头方的出资比例等内容。其中，为了发挥联合体牵头方未来在项目公司中的主导作用，约定牵头方在联合体协议中的出资比例不低于 51%，保证了该牵头方实现在项目公司中的相对控股。

案例七
×××城市轨道交通1号线 PPP 项目

周　伟　徐晓维

摘　要：

×××城市轨道交通1号线PPP项目为×××第一条地铁，总投资约238.73亿元。中国投资咨询公司为项目提供了全流程PPP咨询服务，在推进过程中克服了兼具先进的轨道运营经验和投融资实力的企业有限、财政支出压力与政府方介入项目深度难以平衡、杭绍线贯通运营操作模式和结算方式难以确定、更新（重置）投资控制和票务收入风险分担机制难以确定等诸多困难，最终协助×××人民政府与×××联合体成功达成合作，实现本项目的顺利落地。本项目的成功运作对×××城市轨道交通建设领域投融资模式创新、提高×××城市基础设施水平、完善城市功能具有重要意义，同时为国内轨道交通领域以运营为核心的PPP项目在交易边界条件设计上提供了宝贵的项目经验。

一　案例背景

随着我国城市规模的扩大和经济的飞速发展，城市交通供需矛盾日趋增加。近几年国内城市轨道交通行业实现超常规高速发展，预计到 2020 年全国拥有轨道交通的城市将达到 50 个，到 2020 年我国轨道交通要达到近 6000 公里的规模，在轨道交通方面的投资将达 4 万亿元。

2014 年 11 月发布的《国务院关于创新重点领域投融资机制鼓励社会投资的指导意见》（国发〔2014〕60 号）提出，"要在公共服务、资源环境、生态建设、基础设施等重点领域进一步创新投融资机制，充分发挥社会资本特别是民间资本的积极作用，推进市政基础设施投资运营市场化，推广政府和社会资本合作（PPP）模式"。为了增强市政公用产品和服务的有效供给，财政部与住房和城乡建设部发布《关于市政公用领域开展政府和社会资本合作项目推介工作的通知》（财建〔2015〕29 号），提出"在城市供水、污水处理、垃圾处理、供热、供气、道路桥梁、公共交通基础设施、公共停车场、地下综合管廊等市政公用领域开展政府和社会资本合作"。为了贯彻党中央、国务院政策精神，同时结合×××实际情况，×××人民政府拟采用 PPP 模式实施本项目，中国投资咨询公司作为项目全流程 PPP 咨询机构，成功协助×××引入×××联合体，历时 6 个月实现项目的顺利落地。

×××城市轨道交通 1 号线作为×××迄今为止投资规模最大的基础设施项目，全长 31.3 公里，与×××贯通运营，是连接×××和×××的骨干线，以及衔接×××与×××的重要对外通道，对于引导城市开发建设、推动城市能级跨越，具有十分重要的战略意义。

二 案例事件及过程

（一） 项目识别和准备阶段

1. 物有所值评价和财政承受能力论证

中国投资咨询项目小组运用物有所值（VFM）评价体系，从×××城市轨道交通 1 号线 PPP 项目全生命周期角度，主要采用定性分析模式分别对政府和社会资本合作的 PPP 模式与政府传统主导模式下的全生命周期整合程度评估、风险识别与分配评估、绩效导向与鼓励创新评估、潜在竞争程度评估、政府机构能力评估、可融资性评估及补充评估（项目规模、行业示范性、全生命周期成本估算准确性、主要固定资产种类）等七大类指标分别进行对比分析和评价，进而判断采用 PPP 模式后能否提高项目的服务质量和运营效率，或者降低项目成本，实现公共资源配置利用效率最优化。采用定量模式分析比较 PPP 项目全生命周期内政府方净成本的现值（PPP 值）与公共部门比较值（PSC 值），判断 PPP 模式能否降低项目全生命周期成本。

经过市财政局和本项目行业主管部门的审查，本项目的物有所值评价和财政承受能力论证的结论均为"通过"。

2. 实施方案

项目实际情况较为复杂，项目团队与项目实施机构、×××财政局进行了多轮深度讨论，明确政府方对项目的具体需求；与此同时，项目团队协助实施机构掌握轨道交通项目的潜在市场情况，组织专家开展多轮专题研讨，逐条斟酌方案条款，同步展开与潜在社会资本方的多轮对接，充分了解社会资本方的诉求。

主要核心内容体现在以下几个方面。

（1）回报机制的设置

回报机制的设置是项目团队在实际推动项目过程中面临的最大难题，同时也是关系到项目成败至关重要的一个方面，在回报机制的搭建过程中，项目团队兼顾政府方和社会资本方的诉求，结合项目实际情况和现有补贴模型进行了全面分析。

目前国内轨道交通 PPP 项目补贴模型主要有协议票价和车公里服务费两种方式。协议票价模式的优势是浅显易懂、便于操作，在国内城市轨道交通 PPP 项目的应用较早，为社会资本方提供了充分的激励机制。但运用协议票价补贴方式会存在诸多问题：①由于政府补贴与客流紧密相关，该补贴方式对项目前期准备工作中客流预测的准确性有很高要求，但客流预测存在较大的不确定性；②政府补贴与项目实际资金需求脱节：在项目运营初期，项目自身票务收入较少，政府补贴额也少，但是运营初期由于还本付息等原因形成的资金缺口最大，导致项目公司资金压力较大；在项目运营远期，客流培育相对成熟或交通线路成网后，项目自身票务收入较多，而政府补贴额也多，导致资金富余量较大。

×××城市轨道交通 1 号线项目的客流和票务收入与项目公司的努力没有必然联系，同时本项目预测客流存在一定程度的不确定性，因此，不适宜采用协议票价模式。

车公里服务费补贴方式能够体现政府购买服务的理念，可有效化解客流预测的风险，在该补贴方式下，政府的可行性缺口补助与运营里程（车公里）挂钩，所以相对比较直观，容易接受，并且有利于企业提高运营效能。

最终，项目团队梳理出轨道交通项目实际运营中的关键因素和主要风险，确定采用车公里服务费方式进行补助，一方面，在回报机制设计方面，充分分析了项目合作期内会面对的风险，设计了票务收入风险分担机制、超额票务收入分成机制、超额非票业务收益分成机制；另一方面，项目公司为运营责任主体，票业务收益不足风险由项目公司自行承担。同时充分考虑项目合作期内可能面对的风险状况，设计了年度车公里变化、基准利率变动、投资变动、收入调整、额外补偿调整等多项补贴调整机制，在风险发生时可以通过补贴调整机制在政府方和社会资本方之间进行合理分担。

在此回报机制下，社会资本方公开竞争确定车公里服务费价格，并自行承担一定范围内的风险，政府方给予合理保障，充分重视和体现"利益共享，风险共担"的 PPP 精神。

（2）运作方式的选择

运作方式包括全部 BOT 方案项目结构、B 部分 BOT 方案项目结构（"A＋B"方案）和委托运营（O&M）方案项目结构。

全部 BOT 方案项目结构是指这样一种 PPP 投融资方案：×××人民政府把×××城市轨道交通 1 号线 PPP 项目的投资、建设以及全部经营，交给由社会投资方组建的 PPP 项目公司，项目公司负责投资建设、后续追加投资和更新改造、运营维护等工作，社会资本方依靠项目公司运营及相关收益获取投资回报。按照财务模型测算，×××人民政府给予一定数量的可行性缺口补助。在全部 BOT 方案的项目结构中，政府承担了 PPP 项目公司资本金投入、社会资本回报补贴等责任；社会资本方承担了 PPP 项目公司资本金投入、追加投资（视情况而定）等责任。全部 BOT 方案是目前城市轨道交通普遍采用的模式，如成都市轨道交通 17 号线、北京城市轨道交通新机场线、大连轨道交通 5 号线等。

B 部分 BOT 方案项目结构是指，政府出资人代表×××轨道交通集团有限公司作为政府出资方按照传统方案进行 A 部分（主要为土建工程）建设，由社会资本方参与设立的 PPP 项目公司负责 B 部分（主要为机电设备系统）建设和后续项目经营管理工作。A 部分和 B 部分建设完毕后，A 部分以资产租赁方式交给 PPP 项目公司，由 PPP 项目公司经营×××轨道交通 1 号线 26 年期限的经营管理工作，经营期到期后将 B 部分资产无偿、完好地移交给×××轨道交通集团有限公司，将 A 部分资产返还给×××轨道交通集团有限公司。在 B 部分 BOT 方案项目结构中，政府方承担了 A 部分资本金投入、A 部分贷款还本付息、B 部分资本金投入、社会资本回报补贴等责任；社会资本方承担了 B 部分资本金投入、追加投资（视情况而定）等责任。B 部分 BOT 方案在北京轨道交通 4 号线、北京轨道交通 14 号线、杭州轨道交通 1 号线、福州轨道交通 2 号线、南昌轨道交通 3 号线、太原轨道交通 2 号线一期等工程中有所采用。

O&M（Operations & Maintenance）方案，也就是通常所讲的委托运营方案，是指这样一种 PPP 投融资方案：作为业主单位的×××轨道交通集团有限公司将×××城市轨道交通 1 号线建设完毕后，保留对其的资产所有权，承担建设贷款还本付息责任，将存量公共资产运营维护职责委托给社会资本方或项目公司，社会资本方负责后续追加投资和更新重置，依靠运营及相关收益获取投资回报。其中，社会资本方购买运营权。在社会资本方无法获取正常回报的情况下，则由×××人民政府给予社会资本方一定数量的委托运营费。例如，北京轨道交通大兴线与 4 号线贯通运营，为保证运营的延续性，北京市将大兴线的运营委托给 4 号线的项目公司京港地铁运营。

综上所述，考虑到严控地方政府债务风险的融资环境、×××对轨道交通建设期的出资能力以及×××轨道交通的建设和运营经验，×××需通过本项目实现缓解地方债务、引进社会资本提高建设水平和运营效率等目标，本 PPP 项目的运作采用 BOT 模式。

项目团队在两个半月的时间里按照上述原则与机制编制完成项目实施方案，并广泛征求×××政府以及潜在社会资本方等利益相关方的意见、建议，反复论证、修改，于 2018 年 8 月 17 日获得×××人民政府批复同意。

（二） 项目采购阶段

1. 编制 PPP 项目合同及采购文件

在本项目的实施方案经×××人民政府审批同意后，中国投资咨询项目小组立即展开 PPP 项目合同及采购文件的编制工作，严格按照项目计划落实项目进度。

首先，×××政府方希望中标社会资本方同时具备先进的轨道交通运营经验和投融资实力，客观上对中标社会资本方要求较高，但此类社会资本方数量较少。因此，社会资本方资格条件设置以运营资质与业绩要求为主，辅助设置投融资能力要求；同时，采用综合评分法从多个方面对社会资本方进行评估。

其次，为了满足杭绍线贯通运营的要求，项目团队深入分析，发现下述两种招标方式各有利弊，即与 PPP 合并招标，边界条件清晰、三方认可程度高，但存在操作规范性风险、评审指标设计复杂、耗时较长等问题；与 PPP 分开招标，可有效保持方案灵活性、避免合规风险，但后续细化工作复杂、谈判难度大。考虑到时间较为紧迫，最终采用了与 PPP 分开招标的操作模式，避免合规性风险，结算方式各方案各有利弊，根据项目实际情况另行协商。

2. 组织采购及确认谈判

鉴于 PPP 项目参与方利益诉求的天然差异，再加上本项目的客观复杂情况，过程中不可避免地会出现谈判僵局。双方谈判的分歧主要集中在边界合作条件的设置上，例如在绩效考核机制的设计上，基于对风险承担的锁定，社会资本方认为绩效考核机制在合作期内是固定不变的，政府方的理解是合作期内应以国家、省出台标准为准进行调整。项目小组努力促使双方在本项目的绩效考核机制上达成原则性共识，在机制设计上做了必要的完善，约定在充分征求社会资本方意见的基础上，于 2019 年 12 月 31 日之前制定本项目绩效考核办法，既确保了政府方对项目公司的服务质量和效率得到有效监管，又发挥了项目公司在考核机制设定方面的主观能动性，更具有实操性。

三 案例结果

中国投资咨询公司作为×××城市轨道交通 1 号线 PPP 项目咨询机构全程为客户提供专业服务和咨询方案，协助政府方为×××城市轨道交通 1 号线 PPP 项目设计合理的运作方式、风险分配框架、项目边界条件、权利义务边界、交易条件边界、履约保障边界、调整衔接边界，搭建有针对性的回报机制、投融资结构，选择合适的采购方式，夯实了政府方和社会资本方的合作基础。×××城市轨道交通 1 号线 PPP 项目的有序实施和成功落地不仅有效帮助当地政府缓解了交通压力，促进×××一体化发展，更是为加快推进×××交通基础设施建设、积极发挥市场机制作用做出了重要贡献。

（一） 攻坚克难，确保项目成功签约

轨道交通项目投资体量较大，投资回收期较长，回报率较低，风险较大，财政部 PPP 项目管理库执行阶段轨道交通类 PPP 项目中标社会资本方以建筑施工企业为主，以运营为主的企业较少。本项目工期较为紧张，政府方已经先行实施了部分工程，对社会资本方而言，工程利润相应减少，再加上侧重运营，导致社会资本方参与热情不高。

项目团队在过程中对财政部 PPP 项目管理库执行阶段轨道交通类 PPP 项目进行了深入细致的分析，从项目概况、运作方式、中标社会资本方情况、补贴模式、社会资本投资回报率和调价机制等核心方面着手，协助政府方与潜在社会资本方充分沟通，在保证合法合规的同时，针对项目的核

心边界条件，反复研究、商酌，最终于 2019 年 3 月 6 日，×××轨道交通建设指挥部办公室与×××联合体正式签署了×××城市轨道交通 1 号线 PPP 项目投资协议，确保了项目顺利签约。

（二） 建立健全机制，优化和减少财政支出

×××城市轨道交通 1 号线 PPP 范围合作投资近 197.78 亿元，如果采用传统的政府投融资方式进行建设，×××政府将会承受巨大的财政压力。

×××城市轨道交通 1 号线通过 PPP 模式引入了×××牵头组成的联合体绝对控股，其一，直接减少了近期内政府部门的资金投入，×××牵头组成的联合体将为该项目注入资本金 41 亿元；其二，×××牵头组成的联合体可以利用自身的金融实力，以低于基准利率的价格融资 120 余亿元作为建设资金，有效降低了×××政府目前和今后一段时间的财政支出，优化了公共财政的支出机构；其三，根据×××牵头组成的联合体的报价，与招标前预估的价格水平比较，合作期内可减少财政支出约 60 亿元。而且，政府部门可以充分发挥不同主体的比较优势，从具体的轨道交通建设和运营中抽身，专注履行政审批与监督管理职责，有利于加快实现政府职能转变。

四 案例评述

（一） 兼顾政府方和社会资本方的利益诉求，注重风险和收益分配机制设计

在实操项目过程中，项目团队为了确保政府方和社会资本方的顺利合

作，充分考虑了轨道交通行业的特殊性，设计了合理的风险分担机制和收益分配机制，在社会资本方的经济利益和政府方的公共利益中寻找有效的平衡点。根据物价、实际车公里数、利率变化设置了政府补贴调整机制；针对整体票务收入设置风险分担机制，设定基准票务收入值，当实际发生变动时，以风险收益对等原则在政府与项目公司间进行分配；同时考虑到财政支出压力与政府方介入项目深度难以平衡，设计了"同股不同权"的股权机制，政府方放弃分红，充分支持投资人。

（二） 设置合规合理的社会资本方选择方式，确保双方顺畅合作

现阶段参与城市轨道交通 PPP 项目的社会资本方主要有以下几种类型：建筑施工企业，约占 38%，如中国中铁股份有限公司、中国交通建设股份有限公司等；金融企业，约占 29%，如北京市基础设施投资有限公司等；机电设备集成系统企业，约占 18%，如中国电子科技集团公司第十四研究所、中国中车股份有限公司等；运营企业，约占 9%，如香港地铁公司、北京轨道交通建设管理有限公司、南京地铁运营有限责任公司等；地方国企，约占 6%，如北京市基础设施投资有限公司、中国工商银行股份有限公司、中国人寿、中铁光大股权投资基金管理（上海）有限公司等。

×××政府方希望中标社会资本方同时具备先进的轨道交通运营经验和投融资实力，但此类社会资本方数量较少。因此，社会资本方资格条件设置以运营资质与业绩要求为主，辅助设置投融资能力要求。

另外，鉴于本项目的特殊性，×××城市轨道交通 1 号线未来与杭绍线贯通运营，为了满足要求，项目团队深入分析，提出两种建议方式：一是与 PPP 合并招标，二是与 PPP 分开招标。

考虑到时间较为紧迫，最终采用了与 PPP 分开招标的操作模式，结算方式届时由双方另行协商。

（三） 设置严谨可行的总投资认定机制，减轻财政支付压力

本项目包含政府方采购的工程、项目公司采购的土建工程、项目公司采购的机电工程（不含轨道部分）、项目公司采购的轨道工程和涉铁工程5部分。

在招标控制价的设置和工程费用的结算机制上，项目团队和政府方多次讨论，反复推敲。采购过程中，未采用一刀切的下浮率，而是针对不同部分工程的特点，分别设置合理的最低下浮率，考虑到政府方采购的工程和涉铁工程，中标社会资本方缺乏投资控制力，故均作为不可竞争项，以暂定价计取；另针对项目公司采购的土建工程和机电工程，报价原则均为下浮率不少于5%，考虑到项目公司采购的轨道工程对于建设运营的衔接至关重要，故报价原则为下浮率不低于0。

总投资认定机制设计过程中，结合采购过程中的考虑，针对上述5部分工程设置不同的结算机制，针对政府方采购的工程和涉铁工程，据实结算；项目公司采购的土建工程、机电工程和轨道工程下浮后包干（未发生政府方原因产生的工程变更和可调材料、人工价差），发生因政府方原因产生的工程变更和可调材料、人工价差的按照相应原则审价。对于由于政府方原因引起的变更而导致的投资调整，进行了情形的合理限定，对于综合单价的组价程序和依据进行了明确，并对综合单价中可调材料和人工价差的原则进行了约束。

上述方式减轻了财政的支付压力，也相对节约了项目的投资建设成本。

（四） 多渠道凝聚社会专业资源，保证 PPP 项目实施的质量

×××城市轨道交通 1 号线 PPP 项目形成了"×××人民政府明晰授

权，轨道交通建设指挥部办公室强力主导，委办局积极参与，轨道交通集团有限公司具体执行，咨询方全力协助"的 PPP 实施局面，在短短半年多时间里，先后完成了轨道交通 1 号线 PPP 项目"两评一案"评审、财政部项目入库、资格预审、招标等工作，并于 2019 年初顺利完成社会资本方招标和合同谈判，在具体项目推进过程中，项目团队与轨道交通行业的律师、财务专家、建设专家、运营专家等高质量人才进行了多轮沟通，在确保项目进度和质量的同时，为政府方提供了优质、科学、合理可行的 PPP 咨询服务。

案例八
××大学建设工程 PPP 项目

周伟 单奎 丁奕

摘　要:

　　××大学作为我国第一所社会力量举办、国家重点支持的新型研究型大学,总投资43.6亿元,采用PPP模式进行学校建设与运营。2017年4月××大学建设工程PPP项目正式发起,由××管委会作为实施机构,××大学建设指挥部作为具体推进单位,聘请了中国投资咨询有限责任公司作为咨询机构提供全流程的咨询服务。咨询团队协助实施机构、地方财政部门厘清交易边界、合理配置风险,结合项目实际编写实施方案,有序开展物有所值评价和财政承受能力论证,严格按照法律进行政府采购活动,最终促成项目圆满签约落地。本项目不仅标志着××大学进入了全面建设发展的新阶段,也翻开了中国高等教育多元化的新篇章,标志着在教育领域引入PPP合作模式的大胆创新,对中国高等院校教育体制的改革与创新具有重要意义。

一 案例背景

改革开放以来，国家一直注重将体制改革作为推动教育事业发展的强大动力，特别是 2010 年以来，根据《教育规划纲要》的部署，在全国范围内确定了 425 项国家教育体制改革试点项目，从国家、地方和学校三个层面系统推进教育体制改革，各试点地区和学校积极探索，取得了一定的进展。但是从整体上看，在教育体制改革的重要领域，尤其是高等研究型大学的改革仍存在"瓶颈"，由社会资本力量支持成立的新型研究型大学尚未有成功案例。

为贯彻落实国家加快一流大学、一流学科建设，加快创新人才培养和科技创新的战略要求，2015 年 3 月，施一公教授、陈十一教授、潘建伟教授、饶毅教授、钱颖一教授、张辉博士、王坚博士等七位发起人，向习近平总书记致信，希望发挥"千人计划"的集体智慧，申办一所具有中国特色、新型民办国际化高水平研究型大学，得到了中央领导以及××省委省政府、××市委市政府的肯定和支持。2015 年 6 月 25 日，××市人民政府与国家"千人计划"专家联谊会本着优势互补、互惠共赢的原则，根据《中华人民共和国民办教育促进法》等相关法规，就筹建一所新型民办国际化高水平研究型大学，签署了《筹建××大学（筹）战略合作框架协议》。

2018 年 2 月 14 日，国家教育部发函《教育部关于同意设立××大学的函》（教发函〔2018〕10 号）给××省政府，同意设立××大学，并要求××省落实责任，加大对××大学的支持力度，健全办学经费保障机制，聚集一流师资，打造一流学科，培育一流人才，产出一流成果，为我国高等教育体制机制改革创新，建设高水平研究性大学做出积极贡献。

××大学按照"小而精、高起点、高标准、高水平"的办学定位和理念，围绕生物学科、基础医学学科、理学学科、工学学科等重点领域进行学术研究与培养，将成为国内顶尖、世界一流的新型高等学校。××大学作为国内第一所社会力量举办、国家重点支持的新型研究型大学，对培养复合型拔尖创新人才、推进科技研究和技术创新具有重要意义。

二 案例事件及过程

××大学建设工程 PPP 项目的实施机构是××管委会。××大学项目建设指挥部（以下简称"项目指挥部"）作为项目实际推进单位以及业主单位，聘请了中国投资咨询有限责任公司作为本项目的咨询单位，组成专门的咨询团队（以下简称"咨询团队"）对本项目进行了全流程的咨询服务。

（一） 编制初步实施方案

在项目正式发起后，2017 年 12 月，项目指挥部通过政府采购程序确定中国投资咨询有限责任公司为本项目提供全流程咨询服务。咨询团队和项目指挥部及校方进行了多次访谈，深入探讨了××大学建设工程 PPP 项目的可行性与实施难点，基本明确了项目的合作边界与特殊要求。××大学作为学校类公益性项目，平衡学校的利益诉求和社会资本方的运作权限，明确各方的角色与权利义务关系成为本项目的重点与难点。

据此，咨询团队协助项目指挥部开展了项目初期市场测试，充分调取潜在社会资本方的诉求，参考了国内学校类 PPP 项目的合作条件与运作情况，对本项目的运作方式、资产权属、投融资结构、回报机制、投资回报水平、风险配置等主要核心内容提出了针对性建议，在吸纳了项目指挥部和校方的合理建议后形成实施方案初稿，作为项目的基础性文件为后续的项目合作与推进指明了基本方向。

（二） 物有所值评价和财政承受能力论证

根据《关于规范政府和社会资本合作（PPP）综合信息平台项目库管理的通知》（财办金〔2017〕92 号）的规定，未按规定开展"两个论证"的项目会被集中清理出库。因此，为使本项目能顺利、合法地推进，本项目严格根据相关规定开展并通过了物有所值评价和财政承受能力论证。

根据《关于印发〈PPP 物有所值评价指引（试行）〉的通知》（财金〔2015〕167 号）的规定，咨询团队协助××市××区财政局组织了本项目的物有所值评价。

根据上述 167 号文的要求，物有所值定性评价基本指标包括全生命周期整合程度、风险识别与分配、绩效导向与鼓励创新、潜在竞争程度、政府机构能力及可融资性六项指标。补充评价指标主要是基本评价指标未涵盖的其他影响因素，包括项目规模大小、行业示范性、全生命周期成本测算准确性等。在各项评价指标中，基本评价指标权重为 80%，其中任一指标权重一般不超过 20%。补充评价指标权重为 20%，其中任一指标权重一般不超过 10%。

据此，咨询团队针对本项目设置的评价指标及权重详见表 1。

表 1 各评价指标及其权重

评价指标	权重
基本指标	80%
全生命周期整合程度	15%
风险识别与分配	15%
绩效导向与鼓励创新	15%

评价指标	权重
潜在竞争程度	10%
政府机构能力	10%
可融资性	15%
补充指标	20%
项目规模	5%
行业示范性	5%
全生命周期成本估算准确性	10%
总比例	100%

专家组成员根据上述指标进行了综合分析与专项评价，为本项目物有所值定性打分83.49分，通过物有所值定性评价。

财政部门审核咨询团队所做的财务测算后，认可本项目物有所值指数6.09%，通过物有所值定量评价。

根据《关于印发〈政府和社会资本合作项目财政承受能力论证指引〉的通知》（财金〔2015〕21号）的规定，咨询团队协助××市××区财政局进行了本项目的财政承受能力评价。在财政支出能力评估方面，本项目纳入××区一般公共预算的支出责任占××区一般公共预算支出的比例最高为4.99%（2022年），未超过10%，符合法律规定。在行业和领域均衡性评估方面，本项目作为××区第一个学校类PPP项目，对××区探索在高等教育领域引入投资、建设、运营新渠道，提高工程质量和建设、运营效率等方面具有重要意义，不存在某一行业和领域PPP项目过于集中的问题。

据此，本项目成功通过了物有所值评价和财政承受能力论证。

（三） 定稿实施方案

完成本项目的物有所值评价和财政承受能力论证之后，咨询团队根据专家组的意见以及项目新进展，对项目初步实施方案进行了完善，最终定稿项目实施方案，核心内容包括以下三方面。

1. 交易结构

本项目由社会资本方独资设立项目公司负责项目的投融资、建设、运营、维护等。合作期内，项目资产归属于政府方，运营收益权归属于社会资本方；合作期满，项目设施及相关权益全部无偿移交给政府方。因此，本项目采用 BOT 模式实施。

××区人民政府授权××管理委员会作为项目实施机构，统筹负责项目实施。××管理委员会通过公开招标选定社会资本方后，由社会资本方在××区独资注册成立 PPP 项目公司，项目公司组建完成后，由社会资本方、项目公司负责 PPP 项目的投融资、建设、运营维护及移交等。项目公司向××大学及其他项目设施使用者收取使用者付费，政府方根据绩效考核结果向项目公司支付可行性缺口补助，合作期满后，项目公司将所有项目设施按照约定的移交标准无偿移交给政府指定机构，××大学建设工程 PPP 项目交易结构如图 1 所示。

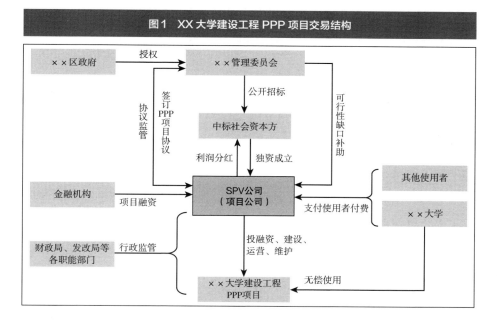

图1　XX大学建设工程 PPP 项目交易结构

2. 回报机制

PPP 项目回报机制是项目收入的来源方式，主要包括使用者付费、政府付费和可行性缺口补助等，具体的回报机制则是由项目自身的经营属性所决定。

由于本项目运营维护等服务能产生一定经营收益，但收益不足以弥补社会资本方投资成本及要求的合理回报，需要由政府给予项目公司一定的经济补助，因此，项目回报机制为可行性缺口补助。

本项目运营收入为项目公司对项目设施的运营维护管理及商业开发产生的经营收入，由项目公司向项目设施使用者收取。拟纳入本项目的运营范围包括：物业管理服务、停车场运营管理服务、学术交流中心运营管理服务等。采购时由社会资本方在政府方提供的运营维护范围内竞报年度运营维护费，项目实际运营维护范围及运营维护收费等根据项目执行时××大学运营维护需求及付费标准调整。

鉴于项目合作期较长，咨询团队为本项目的回报机制设置了动态调整机制，具体包括以下几方面：根据经审计的项目总投资调整；根据绩效考核结果调整；年度运营维护费根据通货膨胀率调整；年度运营收入的调整；基准利率变动调整。

3. 投融资安排

根据《国务院关于调整和完善固定资产投资项目资本金制度的通知》（国发〔2015〕51 号），结合项目实际投融资需求，本项目资本金比例定为项目中标投资总额的 25%。为满足开工条件要求和项目实际投资需求，资本金的到位情况还应满足项目建设需要，在此基础上，咨询团队初步明确了本项目资本金的到位进度。

本项目投融资由项目公司负责，鉴于项目公司是社会资本方独资设立的专用于本项目运作的公司，为敦促项目公司积极完成项目投融资，促使项目资本金如期如数到位，咨询团队在编制实施方案时设置了社会资本方对于项目公司投融资事项的补充担保义务，即项目公司不能按项目建设进度完成项目投融资的，社会资本方应采取提供借款、提供补充担保等方式以确保项目公司融资及时、足额到位。

（四） 编制 PPP 项目合同及采购文件

项目定稿实施方案经××区政府审批后，中国投资咨询项目团队根据项目实施方案、经批复的项目设计文件，开展了本项目的采购文件及项目合同的编制工作。

××大学作为举国瞩目的首个由社会力量举办、国家重点支持的新型研究型大学，对于社会资本方的选择应慎之又慎。咨询团队驻扎××市，与实施机构、项目指挥部、校方进行了多次协商与探讨，拟定了数个方案，在保障项目采购到顶级供应商的同时，尽可能地为政府方节约资金。

编制项目合同时，咨询团队考虑到本项目的公共服务属性以及××大学校方作为使用方在本项目运营期的强烈诉求，在政府方与社会资本方的风险分担与权利义务配置方面，以合法合规、不影响 PPP 项目运作为前提，引入了部分校方的权利义务空间。在参考同类型的诸多 PPP 项目后，赋予了校方在项目公司中的公益董事席位，以及运营期绩效考核的部分话语权等有关权利，以此保障项目运营期的公共服务质量以及使用者满意度。

（五） 组织采购及确认谈判

在采购文件和 PPP 项目合同定稿后，中国投资咨询项目团队作为本项目的采购代理机构协助实施机构、项目指挥部组织开展资格预审与公开招标工作，经过评审，最终确定的前三名中标候选人均为国内领先的投资、建设、运营单位，分别为：上海建工集团股份有限公司、浙大网新建设投资集团有限公司和浙江浙大新宇物业集团有限公司联合体，上海宝冶集团有限公司、中冶建信投资基金管理（北京）有限公司和中航物业管理有限公司联合体，中建三局集团有限公司、湖南建工集团有限公司和苏州市东吴物业管理有限公司联合体。

公开招标评审结束后，根据政府采购公开招标的相关法律规定，政府方组织财务、法律、工程等具有相关经验的专业人员成立了采购结果确认谈判小组，与社会资本就项目非核心边界部分进行了采购结果确认谈判，经过谈判，最终确定上海建工集团股份有限公司、浙大网新建设投资集团有限公司和浙江浙大新宇物业集团有限公司联合体为预中标单位，项目经理为国内第一高楼上海中心的项目经理。

（六） 项目执行阶段

采购结果确认谈判后，中国投资咨询项目团队积极协助本项目实施机构、项目指挥部完成 PPP 项目合同的报批工作，经市政府审核同意后，2019 年 2 月，实施机构××管理委员会与成交社会资本签署 PPP 项目合同，实现本项目的如期落地。

三 案例结果

2019 年 2 月，××大学建设工程 PPP 项目在××市正式签约。政府方与社会资本方上海建工集团股份有限公司、浙大网新建设投资集团有限公司、浙江浙大新宇物业集团有限公司联合体本着合作共赢、友好协商的原则，迎来了××大学建设工程 PPP 项目的阶段性成果，中国投资咨询项目团队在项目中穿针引线，协调各方利益，提供专业服务，促使项目积极推进并成功落地。

四 案例评述

随着我国国民经济快速发展，城镇化建设步伐不断加快，各地基建及公共服务需求大，地方政府对资金、工程及运营管理需求剧增，而采用 PPP 模式操作则很好地为地方政府解决了难题。自 2014 年以来在国家政策支持下很多地方政府搭上 PPP 的快车，启动了大量项目，其中尤以基础设施领域类项目占比最高。然而一个城市一个地区的发展不能仅仅靠公路、地铁及市政工程等基建发展，教育医疗等公共服务的提高才是稳定地方发展的长久之计。

××大学作为我国第一所社会力量举办、国家重点支持的新型研究型大学，在备受瞩目的同时，也承担了很多压力。中国投资咨询项目团队协助项目实施机构与项目指挥部攻坚克难，最终圆满完成了项目的签约落地，咨询团队根据××大学建设工程 PPP 项目的实际情况总结归纳了以下几点项目经验，以期为同类 PPP 项目提供借鉴与参考。

（一） PPP 模式助力，树立案例典型

备受各界关注的××大学从构想到获批落地，仅花了 3 年时间，一路绿灯，"奔跑"向前，作为我国首个社会力量举办、国家重点支持的新型研究型大学，其建设与运营举世瞩目。中国投资咨询项目团队协助项目实施机构与××大学项目建设指挥部，采用 PPP 模式解决了资金缺口，成功采购了一流的建设、运营单位为一流的大学服务，对于同类项目具有借鉴

参考价值。

目前已实施的学校类 PPP 项目大概有以下几种运营模式：（1）项目公司将运营权全权委托给校方。该种模式问题在于社会资本方实际上不从事学校运营，与 PPP 模式对社会资本方建设运营的全流程参与理念相悖。（2）项目公司代收学杂费、住宿费等。该种模式极大地扩展了项目公司的经营性收入来源，但是项目公司代收学校收入仍存在法律风险，且侵犯公共利益的风险亦因此扩大。（3）项目公司负责非核心教学的运营，包括食堂及超市的运营、物业服务（包括学校日常保洁服务、安保服务、宿舍管理服务、绿化养护服务）、项目设施维修维护。该种模式贴合学校类 PPP 项目的实际，运营服务内容分为核心教学部分和非核心教学部分，便于学校教学与运营管理。

在××大学建设工程 PPP 项目的运作中，咨询团队结合项目实际，听取校方合理意见，协助政府方、项目指挥部分析各种模式优劣，最终选择采用第三种模式进行运作，在此基础上，高标准要求社会资本方的运营实力，为今后的运营一体化做准备，为学校类 PPP 项目的运作树立了典范。

（二） 厘清交易边界，合理共担风险

××大学建设工程 PPP 项目涉及政府方、社会资本方、校方三方的利益诉求与责任承担，中国投资咨询项目团队协助政府方厘清三方角色定位和基本权利义务关系，明确项目交易边界、各方权限，促成项目的顺利进行和各方的合作共赢。

根据财政部《PPP 项目合同指南》（试行），PPP 项目应当按照风险分配优化、风险收益对等和风险可控等原则，综合考虑政府风险管理能力，项目回报机制和市场风险管理能力等因素，政府和社会资本应合理分配项目风险。据此，中国投资咨询项目团队对项目风险进行分类梳理，并逐一

判别风险项，最终将本项目核心风险分为七大类二十项。在此基础上，咨询团队根据项目风险分配的原则，对每一项风险深入分析，根据风险类型和基本分配原则，将风险在政府方承担、社会资本方承担、双方共担、责任方承担这四种承担方式之间进行对比与选择，最终明确了全面而合理的风险分配机制，体现了 PPP 项目双方共享利益、共担风险的合作本质。

（三）　合理定位校方角色，明确合作方权利义务边界

学校类 PPP 项目的典型特点为项目合作方不局限于政府方和社会资本方，还有学校作为第三方。关于校方在 PPP 项目中的角色定性问题，中国投资咨询项目团队具体分析了××大学的项目情况，充分听取了××大学校方的利益诉求，在和政府方多次商讨后，明确××大学校方作为本项目的使用者，以其使用学校设施的用户角色为限，享受权利、承担义务。

在此基础上，咨询团队协助项目实施机构与项目指挥部进行项目采购文件、项目合同的编制时，充分考虑了校方的权利义务边界，并将政府方、社会资本方、校方的权利义务清晰明确地化为合同条款，以便后续项目执行。

（四）　量身定制采购方案，综合考察社会资本实力

在进行公开招标前，中国投资咨询项目团队在实施机构和项目指挥部的协调组织下进行了充分的市场测试工作，充分收集了市场信息并总结归纳了潜在供应商的合作想法与利益诉求。

在评审标准方面，中国投资咨询项目团队协助政府方拟定了数个方案，开展了数轮讨论与修改，最终确定了综合考核的评审细则；面，从财务实力、PPP 投资能力、建设施工能力、运营能力以及

能力等多角度考核供应商实力；技术方面，从建设方案、运营方案、财务方案、法律方案等多方面考察供应商技术能力，并且为保障项目高水平的组织管理能力，额外设计了项目经理的答辩评分项，从项目经理方面对项目的落地质量提出了严格的要求；商务报价方面，灵活设置了多个报价项，保障项目合理回报与市场风险有机结合。

根据上述机制设计，最终中国投资咨询项目团队协助实施机构、项目指挥部成功进行了项目的采购工作。在资格预审阶段，共计 14 家联合体进行了报名，其中 10 家联合体现场递交了资格预审响应文件，9 家单位通过了资格预审，包括央企、地方国企和民营企业，实现了多元化的充分竞争。

在公开招标阶段，通过资格预审的单位中共计 6 家单位现场递交了公开招标投标文件，经过专家组的评审，确定了 3 家中标候选人，并在谈判后最终确定了本项目的中标社会资本方。

（五） 明确项目运营问题，项目兼具收益性与公益性价值

PPP 项目领域定位是基础设施领域和公共服务领域，项目建成后最终服务于公共利益。然而，除了为公共利益服务的政府方之外，PPP 项目合作方也包括社会资本方。对于社会资本方而言，其第一诉求便是经济利益，即投资回报率。根据本项目的回报机制，社会资本方的收入来源为运营收入和可行性缺口补助。因此，中国投资咨询项目团队在对本项目进行设计时，也着重考虑了本项目运营问题，具体包括运营范围、运营质量等问题，以期实现在不增加项目成本、不降低项目市场吸引力的基础上，尽可能提升项目服务质量。

在运营范围问题上，校园后勤有较强的经营性。然而本项目中，校方考虑到学校的公益属性及校方、校园学生的相关利益，校方希望掌控校园

内部分设施经营的主动权。考虑到校方需求及 PPP 项目对于运营的要求，咨询团队对校园内可运营的部分进行梳理，与政府方、校方进行多次探讨后确定了可纳入 PPP 项目中的运营范围，由项目公司负责相应项目设施的运营维护管理及商业开发，并向项目设施使用者收取费用；其余校园设施均由××大学校方自行经营。同时，为了保障本项目的运营维护质量，本项目采购时亦要求社会资本方具备相应的校园综合物业服务经验。

在运营质量问题上，本项目下项目公司负责为本项目提供物业管理服务，实际使用单位为××大学，物业管理服务费由××大学支付。根据校方的要求，××大学的定位为研究性大学，学校运营标准应比照世界一流大学的国际化水平。据此，为了尽可能保障项目运营期服务质量，项目设施实际使用者的合理权益，咨询团队与政府方讨论后，在编制校园物业管理服务的运营维护标准时充分听取了校方意见，并将该标准编入项目合同，以期约束社会资本方提供高质量的服务。

案例九
杭绍台铁路 PPP 项目
——助力我国首条民营资本控股高铁落地实施

周　伟　寰梦微

摘　要：

杭绍台铁路为浙江省内一条客运高速铁路，总投资约 449 亿元，为国家发改委推出的首批 8 个社会资本投资铁路示范项目之一。中国投资咨询公司为项目提供了全流程 PPP 咨询服务，在推进过程中克服了我国铁路行业建设运营管理机制特殊、合作边界复杂、潜在社会资本方数量有限等诸多困难，实现了对铁路建设与运输管理等体制的突破创新与回报机制静态动态的有机结合，最终协助浙江省政府与民营资本成功达成合作，在铁路领域探索出通过 PPP 引入民营资本的可行道路，在中国铁路史上首次实现民营资本控股高速铁路，入选《党的十八大以来大事记》，对铁路行业投融资改革具有里程碑意义。

一 案例背景

（一） 项目基本信息

项目时间：2017 年 1 月至 2018 年 6 月；

项目发生地：浙江省杭州市；

项目总投资：448.9 亿元。

（二） 项目背景及重要性

从 20 世纪 90 年代开始，中国铁路事业正式开始了艰巨的改革之路，历经了设立铁路建设基金、建立合资铁路机制、铁道部政企分离等系列行业机制与行政管理体制上的变革与尝试，已进入深化改革的攻坚阶段。自"非公经济 36 条"（即国发〔2005〕3 号文件《国务院关于鼓励支持和引导个体私营等非公有制经济发展的若干意见》）与 2010 年的"民间投资新 36 条"（即国发〔2010〕13 号文件《国务院关于鼓励和引导民间投资健康发展的若干意见》）发布以来，向非公资本开放铁路建设、铁路运输、铁路运输装备制造、多元经营等领域已成为铁路改革的重点方向，先后出现衢常铁路、京沪高铁、罗岑铁路等民资参股案例，但在实施过程中均遭遇不同程度的困难，最终以失败告终或民资仅获得弱势的参与权。即使在国务院与党中央始终高度重视与强调民间投资的大背景下，由于经营效益不确定性大、清算机制不透明、自主建设与自主运营等支持政策落地难、铁路方政企分离不彻底等障碍，始终没有实现民营资本进入铁路领域特别是客运铁路领域且掌握实际控制权。

2015 年 12 月，国家发展改革委发布《关于做好社会资本投资铁路项目示范工作的通知》（发改基础〔2015〕3123 号），将杭绍台铁路等 8 条铁路列为社会资本投资铁路示范项目，以期发挥示范项目带动作用，探索并形成可复制推广的成功经验，打造社会资本投资建设铁路的样板。

杭绍台铁路全长 269 公里，是连接浙江省杭州、绍兴、台州三地的一条客运专线铁路，是我国沿海快速客运通道、长三角地区综合交通网和城际快速交通网的重要组成部分，对于填补杭州都市圈与温台城市群之间的对角区域路网空白、实现浙江省会杭州市与台州市高铁 1 小时交通圈、加快温台城市群融入长江经济带和"一带一路"国家发展倡议、带动区域经济协调发展和沿线旅游资源开发均具有重要意义。

（三）项目相关主体

1. 项目实施机构

浙江省发展规划研究院为项目实施机构，代表浙江省发展和改革委员会执行项目相关工作，是本项目业主。

2. 铁路方股东

中国铁路总公司（以下简称"铁路总公司"；中国铁路总公司于 2019 年 6 月 18 日正式改制更名为"中国国家铁路集团有限公司"，本案例沿用"铁路总公司"的称呼）指定下属基金公司作为项目公司股东。铁路总公司是目前我国铁路建设与运营领域的实际主导者，全资持有或控股我国绝大部分铁路资产，提供铁路客货运运输服务，并负责铁路运输统一调度指挥，同时承担铁路建设管理与铁路运输安全等职能。

3. 合作社会资本方

浙江复星商业发展有限公司牵头组成的联合体为本项目中选社会资本

方，联合体成员还包括上海星景资本、平安信托、平安财富、万丰奥特、浙江基投集团、宏润建设、众合科技等 7 家企业。

二 案例事件及过程

（一） 执行阶段：专注编制实施方案，奠定交易合作基础

实施方案是 PPP 项目全流程推动实施的必要基础与根本指导，对项目合作边界、投融资结构、收入来源、风险识别、建设运营标准、实施进度、监管要求等内容进行阐述与分析，从而构建起政府方和社会资本方的具体合作路径。由于我国铁路建设与运营体制的特殊性与项目错综复杂的利益关系，且铁路 PPP 项目几乎没有先例经验，本项目实施方案的编制难度非常大。在前期尽职调查的基础上，咨询团队对项目业主、浙江省发改委及铁路沿线政府进行多轮深度访谈，明确政府方对项目实施的需求预期，并前往国家发改委与铁路总公司，了解项目承载的重要改革任务。与此同时，咨询团队协助业主开展初期市场测试，掌握项目的潜在市场情况，充分收集潜在社会资本方的诉求及顾虑。

结合前述两方面的重要信息，咨询团队着手搭建项目实施交易框架与重要运作机制，核心内容包括以下三方面。

1. 探索铁路行业市场化改革，打造真正独立的市场主体

杭绍台铁路项目公司应当作为真正完全独立的市场化主体，按照《中华人民共和国公司法》、PPP 项目合同、公司章程、股东协议等文件规定，从建设、经营、定价等方面自主运作本项目，不能按铁路行业传统的国有垄断模式经营。咨询团队为项目明确了以下具体原则。

（1）自主经营、自负盈亏。项目公司自主进行经营决策，政府应大胆放手、原则上不进行干预；相应的，项目公司也自行根据市场情况进行运作并承担经营风险，政府不对其获得的收益做任何兜底承诺。

（2）自主建设。项目公司根据需要依法决策项目建设管理方式，可以自行组织建设，也可以委托铁路局或铁路专业管理机构代建。

（3）自主运营。在统一调度指挥的前提下，项目公司有权自行选择运输管理方式。虽然在目前条件下，委托铁路总公司进行线路运输服务的可能性很大，但合作方案明确鼓励项目公司在运营期内积极创造条件进行自管自营，争取自主开行线路内短途列车，由此增加的效益也由项目公司自主享有，为培育新型铁路运输服务企业创造条件。

（4）自主定价。根据国家相关政策，杭绍台铁路的客运票价可由项目公司自主制定。自主定价是项目公司有效应对市场供需变化、从根本上获得主体独立性、从而打破铁路经营垄断现状的必需手段，如果未来不能实现，政府方应该要承担由此带来的收入风险。

2. 创新 PPP 投融资交易结构，民营控股、合作共赢

杭绍台铁路 PPP 项目的运作模式确定为"建设—拥有—运营—移交"，即 BOOT 模式，由项目公司负责项目的投资、融资、建造、运营和维护，并拥有相关资产所有权，在运营期内向使用者收取适当费用，由此回收项目成本并获得合理回报，合作期满后项目设施无偿移交给政府方。由于项目投资造价高昂、融资压力巨大，项目团队摈弃了传统基础设施项目中运用最广泛、成熟经验最多的 BOT（"建设—运营—移交"）模式，创新性地采用 BOOT 模式，在合作期内项目设施资产所有权归项目公司，有利于项目公司融资与运营稳定，也从客观上增强项目的市场吸引力。

根据浙江省政府确定的政策方向及项目承担的改革任务，杭绍台铁路为民营资本绝对控股的 PPP 示范项目，项目公司股权结构设计为民营社会资本占股 51%，并且从项目融资限制、股权限制、公司治理结构等重要合作边界条件上保证其对项目公司的相应控制权，以稳定民营资本参与项目的信心，也确保民营资本有空间与激励将其灵活先进的现代企业管理技术与方法带到高铁投资、建设、运营中。

在民营资本绝对控股项目公司的前提下，充分考虑中国铁路实际情况，参照以往铁路总公司投资铁路建设项目参股惯例，并考虑铁路总公司作为特殊社会资本方的身份特点，最终确定铁路总公司在项目公司中占股 15%，与民营资本"同股同权"，共同分享利益和风险；余下 34% 的股权由省级政府与沿线政府出资代表持有，沿线绍兴市和台州市再按照里程比例分摊持股。未来项目公司由多个政府主体与社会资本主体共同持股、相互融合，各方在项目生命周期内从多个方面进行协作，并根据市场情况自主运作项目公司，充分发挥多元化投资主体的不同优势。杭绍台铁路 PPP 项目交易结构见图 1。

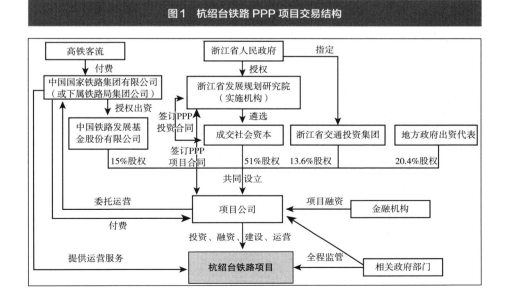

图 1　杭绍台铁路 PPP 项目交易结构

3. 建立多层次回报机制，风险共担、收益共享

回报机制在一定意义上是项目成败的核心，也是咨询团队面临的最大挑战。一方面，铁路经营效益受到列车开行对数、票价水平与委托运输管理清算标准等多种因素影响，未来可能因市场情况与行业政策等产生较大波动，客观上存在不确定性；另一方面，我国高速铁路运营时间还较短，尚未显现长期效益，目前成本回收与盈利状况都不甚乐观，也没有形成成熟的估算方法。上述两方面因素会导致政府和社会资本对铁路项目效益与风险的预期存在很大差别，这是中国铁路改革道路上引入民营资本的核心障碍之一。

咨询团队深入研究梳理了我国高铁建设与运营的体制机制，厘清项目运营中的核心要素与关键风险，为杭绍台铁路搭建了"使用者付费＋可行性缺口补贴"框架下的多层次回报模式。首先，项目公司作为运营责任主体，在运营期内可通过铁路运输与多元开发等获取收入，具备使用者付费基础。其次，鉴于项目建设投资成本高昂、只依靠经营收入难以覆盖投资成本并使社会资本获取合理利润回报，研究分析了包括财务救助、资源补偿、综合开发等多种可行性缺口补贴渠道，最终确定政府通过财政补贴形式支持项目公司正常运作。最后，充分考量项目合作期内可能面对的风险状况，设计了投资控制、列车开行对数、融资利率、超额收入分配等多项补贴调整机制，在风险发生时可通过有效机制合理进行转移或分担。在此回报模式下，社会资本方在公开竞争中确定投资收益率与财政补贴方案，并自行承担股权投资风险，通过自主经营获取投资收益；政府方则给予合理保障，切实体现 PPP 共担风险与收益的核心要义，也消除政府方与社会资本方的合作顾虑。

咨询团队在近 6 个月的时间里按照上述原则与机制编制完成项目实施方案，并广泛征求省市政府、项目实施机构以及潜在社会资本方等利益相关方的意见、建议，反复论证、修改，于 2017 年 5 月 17 日获得浙江省政府批复同意。

（二）落地阶段：量身筹划遴选过程，力促政府方与社会资本方达成合作

PPP 项目虽然通过政府方采购或招投标流程进行合作社会资本方的选择，但与传统工程招投标或货物采购完全不同，其本质更类似于投行或并购业务，精髓在于政府方与社会资本方达成交易与合作，落地过程实际是各方之间的利益博弈过程，从而可能出现多种变数与不确定性，因此 PPP 项目遴选方式的选择与遴选流程的安排对项目落地时效有很大影响。

针对杭绍台铁路的具体情况，咨询团队为其"量身定制"了社会资本方遴选方案。首先，本项目交易条件较为复杂，交易边界与合同条款细节均难以在前期阶段清晰界定，政府方需要和潜在社会资本方进行充分沟通与协商，而且由于项目客观上对社会资本方要求较高，应采用综合评分法从多个方面对社会资本方进行评判，择优选择综合实力最强的竞争者。因此，适宜采用竞争性磋商方式遴选社会资本方。

其次，项目准备阶段的初步市场测试表明，铁路综合运营领域尚缺乏成熟的战略投资人，市场上有意向参与本项目的社会资本方多为轨道交通工程建筑类企业、轨道交通运营设备制造与运维企业、综合投资类企业与金融机构等，与客户需求有一定差距；且我国还没有类似项目的先例实践经验，社会资本方对是否参与项目还抱有疑虑。咨询团队创造性地将项目遴选流程的第一阶段设计为社会资本投资方意向征集，以验证项目能否获得符合预期的社会资本方响应，实现充分竞争，并就下一步磋商谈判达成初步的合作意向。在投资意向征集阶段，政府方可通过考察、交流，推荐有初步合作意向的社会资本方进入竞争性磋商，从而保证遴选效率。

最后，咨询团队与项目业主共同确认了杭绍台铁路社会资本方遴选公开、公平、公正的基本原则，谨慎安排各项遴选程序，依法合规地开展社

会资本合作方遴选，为民营资本的广泛参与和积极竞争创造了良好环境，为竞争性磋商的顺利完成奠定了坚实基础。

2017年6月18日，项目竞争性磋商顺利举行，浙江复星商业发展有限公司牵头组成的联合体成为项目第一成交候选人。随后，咨询团队立即开始协助浙江省政府与复星联合体就PPP合同进行谈判。面对谈判进程中部分僵持难题，充分发挥交易斡旋功能：一方面"突破现象看本质"，梳理政府与民营资本的根本分歧点，针对各个问题为政府提供参考意见与分析支撑；另一方面在谈判中积极引导双方预期，力求双方认识到合作大于博弈，并通过部分交易机制的灵活调整弥合双方利益分歧。在咨询团队的不懈努力下，浙江省政府与复星联合体最终就各项合作条件达成一致。

三　案例结果

（一）首条民营资本控股铁路的成功

2017年9月11日，杭绍台铁路PPP项目签约仪式在杭州进行，标志着项目的成功落地，以及中国铁路史上首条民营资本控股高速铁路的诞生，我国铁路投融资体制改革迈入新阶段。

杭绍台铁路项目的成功，对于拓宽铁路投融资渠道、完善投资环境、打通社会资本投资建设铁路"最后一公里"，以及促进铁路事业加快发展都具有重要示范意义，是我国铁路改革发展史上具有里程碑意义的大事，对我国高铁事业与铁路行业改革具有深远影响。2017年7月，由中共中央宣传部与中央全面深化改革领导小组办公室组织指导、中央电视台承担制作的十集政论专题片《将改革进行到底》中，杭绍台铁路作为多个行业开始向民间资本打开大门的案例被记录与解说；同年 10 月 16 日，中共中央党史研究室为迎接中国共产党第十九次全国代表大会胜利召开而编写的《党的十八大以来大事记》发布，正式收录杭绍台高铁 PPP 项目的签约落地，这也是全文中唯一的民营资本投资案例。

（二）以 PPP 模式优化公共财政支出

根据《国务院关于改革铁路投融资体制加快推进铁路建设的意见》（国发〔2013〕33 号）、《国务院关于创新重点领域投融资机制鼓励社会投资的指导意见》（国发〔2014〕60 号）及《国家发展改革委关于当前更好发挥交通运输支撑引领经济社会发展作用的意见》（发改基础〔2015〕969 号）等文件的重要意见精神，在保障基本的公共利益的基础上，铁路建设只有逐步实现由单一投资主体向多元化投资主体的转变，吸引社会各种类型资本以多种方式参与，才能实现持续健康发展。

杭绍台铁路总投资近 450 亿元，如果采用传统政府投融资方式进行建设，对浙江省和沿线地方政府而言都会是非常沉重的财政负担，这也是我国如火如荼的铁路建设与公共资金紧张现状之间存在较大差距的缩影。2008 年以来，我国铁路特别是高铁事业以史无前例的速度蓬勃发展，至 2017 年底全国铁路运营里程达到 12.7 万公里，其中高铁运营里程超过 2.5 万公里。根据"十三五"发展目标与 2016 年国务院最新批准的《中长期铁路网规划》，到 2020 年全国铁路网规模要达到 15 万公里，其中高速铁路 3 万公里，2025 年高铁运营里程则要达到 3.8 万公里。铁路建设的迅猛增速意味着对巨额投资的客观需求，若继续以政府或国有资金为主负担铁路投资，公共财政必将面对沉重的增量债务压力。

杭绍台铁路通过 PPP 模式引入了民营资本绝对控股，一方面直接减少了近期政府部门的资本金投入，另一方面民营资本可以利用自身的金融实力与良好信用背书，全权负责项目融资，"双管齐下"极大减轻财政负担，优化了公共财政的支出结构。而且，政府部门可以充分发挥不同主体的比较优势，从具体的铁路建设和运营中抽身，专注履行行政审批与监督管理职责，有利于加快实现政府职能转变。

四 案例评述

（一） 打破铁路"玻璃门"，引入民营资本绝对控股

在实操项目过程中，咨询团队逐渐识别出民营资本进入铁路领域还存在较多制约因素，主要是我国铁路投资市场不成熟、铁路行业相关机制市场化改革不彻底、民营资本战略实力相对较弱等。

为克服障碍、促成合作，实施方案与项目合同等充分考虑了铁路行业特殊性，定位长期合作的关键风险点，设计了合理的交易结构与回报机制，树立起民营资本对项目运作的信心，从而有效调动了民营资本参与积极性；在市场测试与遴选流程中，为民营资本创造平等的竞争机会则是团队坚持的首要原则，在此基础上量身筹划了社会资本方遴选方案，并且鼓励与引导民营资本通过组建联合体等多种方式增强综合统筹实力，发挥优势多样性，最终成功引入民营资本投资建设并控股杭绍台铁路，首次打破约束民营资本投资铁路的"玻璃门"。

（二） 突破铁路行业现有模式，通过市场竞争力量达成改革目标

本项目突出强调项目公司自主定价、自主建设、自主运营且自负盈亏

的市场化主体地位，力图通过引入民营资本、开展多方合作来创造市场竞争环境，助力铁路行业体制机制改革的不断深化：

——清算体系上，为实现项目确定的市场化运作目标，合理预估项目全生命周期的运营效益，民营资本与浙江省政府共同积极争取铁总公开清算规则、健全清算平台，保证线路使用、车站服务、委托运输等各类市场化服务项目的内容和收费标准公开透明，力争实现线路票价收入与项目公司获得的清算收入直接挂钩。

——建设模式与运输模式上，实施方案通过多项合作边界条件，在现行体制下最大限度地保障项目公司真正掌握线路的建设与运输自主权，创造条件使民营资本能发掘建设与运营中的盈利点，在开放市场中实现高铁资产的合理价值。

——运营效率上，充分尊重民营资本合理盈利的基本诉求，鼓励其与铁路运输企业展开友好合作与公平竞争，提升铁路经营效率，优化相关铁路机制。

（三）　厘清项目利益关系与核心要素，实现回报机制静态与动态相结合

杭绍台铁路采用 PPP 模式运作，与过去铁路建设的"走一步看一步"方式截然不同，需要政府与民营资本都充分掌握影响铁路建设与运营的核心要素与潜在风险，并且有效保障民营资本在公平市场获取合理收益，增强民营资本投资铁路的热情与信心，这客观上促使了双方同步树立起对项目的全局意识与微观视角。为了保证线路经营情况能满足社会资本方合理的回报要求，杭绍台铁路的效益测算与方案设计触及了铁路传统体制下的建设、运输、调度、结算、利润分配等机制，对高铁客运的"价"与"量"都进行清晰界定与动态分析，从而明确所有参与主体在 34 年合作期

内可能面对的风险与不确定性。在此基础上，通过合作条件的设计激励民营资本一方面通过市场手段有效控制项目建设与运营成本，另一方面充分挖掘传统运输服务以外的盈利空间，从根本上有利于铁路特别是高铁产业发掘盈利新模式，增加运输服务的有效供给，最终实现政府、社会资本方及公众利益的最大化，这也是我国铁路行业健康发展的必然方向。

咨询团队尤其注重风险分担相关机制的可操作性，为项目搭建起静态可行性缺口补贴加上动态调整的合理机制，使政府与社会资本方能够真正携手在未来市场化运营中共同应对与消化风险。为杭绍台铁路提供咨询服务的经验表明，协助政府与社会资本方厘清项目中各项利益相关关系与风险潜在来源，是搭建合理可行的交易合作结构与回报机制的必要前提。

第二部分
管理咨询案例篇

案例一
上海某上市公司战略规划设计

张　磊

摘 要：

客户公司为中国建筑行业民营领军企业，在以 PPP 为主体的建筑向"投资＋建设＋运营"的业务转型中走在了行业前列。随着业务的不断创新发展，客户公司亟须明确业务发展方向，做出更符合公司发展实际的战略规划。中国投资咨询项目组从客户实际情况出发，在充分对比国内外标杆企业的基础上，为客户提供了战略规划编制服务，帮助客户厘清发展的道路和未来，助力其业务长远发展。

一　案例背景

客户自 2014 年开始进行业务创新和改革，借力 PPP 业务发展的东风，客户业务得到迅速扩张，已经走在行业发展的最前端。但面临的政策环境、市场环境具有非常大的不确定性，如何让战略有效地指导公司发展，成为战略成功的关键。在此基础上，通过与客户长期沟通和研讨，中国投资咨询项目组于 2017 年 11 月 27 日正式启动战略规划咨询项目，在充分分析战略环境的基础上，广泛汲取国内外发展经验，明确其未来的发展方向，同时以提升战略适应力为导向，为客户设计更具生命力的战略规划体系，保障战略的有效执行。

二　案例事件及过程

（一）　客户现状调研及分析

客户历经 30 余年的发展沉淀，在一次次市场变化中，不断抓住市场机遇，锐意前行。经过调研，我们认为战略意识、资质与品牌、专业的 PPP 团队共同构成以下三点核心竞争优势。

1. 客户公司在发展过程中，无论是面对上市还是积极参与 PPP 项目，对于市场机遇的把握非常优秀，战略思维和意识领先。

2. 具备融资优势、总承包资质优势，形成了客户在业务领域的综合竞争力。

3. 客户公司汇聚了一批学历层次高、专业能力强的优秀人才队伍，为公司业务发展奠定了最坚实的基础。

但是在调研中发现，客户公司在转型发展过程中还存在诸多不足，主要是：运营业务有待进一步突破、组织架构与业务发展尚未完全匹配、人才梯队建设任重道远、风险管控亟须全面系统覆盖、项目成本管理仍有提升空间、信息化应用覆盖面较窄等。如何通过战略规划进一步优化和完善，成为本次项目需要重点关注的问题。

（二） 外部环境分析

根据中国投资咨询项目组对行业的理解和分析，为客户战略规划方向的制定提供有效支撑。主要观点和结论总结如下。

1. 我国大规模建设发展黄金期已过，整体增速下滑明显，未来将从高速增长转为高质量增长。

2. 建筑行业发展从劳动密集型逐步转向资本和技术密集型，行业竞争格局发生根本性变化，行业洗牌将加速，强者恒强。

3. PPP已从"起飞"走向"平飞"，仍将作为基础设施建设的重要选择，未来业务发展会更加规范。

4. 建筑产业化已成发展趋势，近几年将取得突破性进展。

5. 建筑行业管理规范化要求日益提高，倒逼建筑企业提高自身管理水平。

6. 政策层面大力推动EPC业务模式，加强EPC能力建设将带来更多业务发展机会。

随着宏观环境和行业环境的不断变化，客户发展面临新的机遇与挑战，需积极调整自身业务结构，提高业务能力，夯实基础管理，创新管理机制，快速适应变化与挑战。

（三） 标杆企业研究

客户目前已经进入"战略无人区"，对未来的发展研判不能单纯从国内环境进行分析，应结合国内外先进企业的发展经验，系统分析不同企业的历史发展脉络，分析其如何在当时、当势做出恰当的战略选择，从中找寻可供客户参考的发展经验。

中国投资咨询项目组对标杆做了大量分析工作，对标杆的分析并非局限在当前业务发展状况，而是更注重追寻其历史脉络，关注其在特定的发展阶段，面对特定的发展环境时，如何做出合理的战略选择。基于此，项目组先后选取了法国万喜、麦格理、奥地利斯特拉巴格、Skanska、美国福陆、法国布依格、德国豪客蒂夫、日本大成、中国建筑、碧水源、华夏幸福等多家国内外优秀企业进行系统分析。例如，将法国万喜在做出从建筑向运营的战略转型时，所面临的外部环境与中国当前环境进行对比分析，从而判断当前客户应该如何进行战略选择，为客户战略选择提供基于历史坐标的参考。

（四） 战略研讨——适应型战略的提出

基于对客户的理解、对外部环境的把握、与行业标杆相应历史维度的对标分析，中国投资咨询项目组多次组织与客户的战略研讨会，共同对未来行业发展进行预判，对业务自身瓶颈进行分析，对未来可能发展方向进行探讨。

同时，基于对行业所处环境日新月异、政策频出的外部研判，以及企业内部管理能力相对薄弱的现实困境，项目组为客户提出适应型战略的理念，重点不在于对环境的预判与当前的选择，而在于适应环境变化，提升面对环境变化做出合理战略选择的能力，提高战略适应力，为公司长远发展提供支撑。

适应型战略重点基于如下思考：

1. 重点打造应对环境变化的能力，通过战略分析能力、组织结构调整（大后台、小前端）、价值创造型总部能力的打造等提高战略适应力；

2. 快速试验，快速迭代，重点在以最小的成本进行试错，通过资源的再分配和资源倾斜，不断放大试验成果。

通过战略研讨，明确了对某公司战略规划的分析、思考及设计框架和设计原则，为战略规划的制定提供了足够多的想法和设计思路，基本明确了客户战略规划的核心骨架。

（五） 战略规划编写

1. 使命愿景

基于客户公司为上市公司的背景，其使命愿景要求能够体现宣传性和对业务的高度概括性，为此，项目组设计了更具时代感和语言感的使命愿景，便于客户宣传。

2. 战略发展思路

基于对客户的理解、对外部环境的把握，从集团战略定位、总体目标、业务组合和管理体系支撑四个维度为客户进行战略思路设计，可以概括为"一二三四"的发展思路，即围绕一个总体定位，实现两个转型升级，聚焦三大业务板块，打造四化企业。

（1）总体定位。以战略愿景为指引，立足集团发展现状，明确集团近三年的总体定位，即打造国内一流的城市基础设施及公共服务投资建设运营商。

（2）两个转型升级。两个转型升级，即业务转型升级与管理转型升级。

①业务转型升级。开拓创新，持续优化业务结构，向产业链两端延伸，探索业务发展新领域，打造平台优势；加大市场营销力度，强化战略

客户管理，提升服务质量，提升市场占有率。

②管理转型升级。完善管理机制，优化管理职能，建立规范化管理体系；优化人员结构，完善约束激励机制，重塑团队；持续推进管理创新，不断提升企业管理效能。

（3）三大业务板块。集团坚持"投资为首、建设为体、运营为尾"的业务定位，各业务板块相互协同、有机统一，形成集团业务扩展的合力。以PPP投资业务为龙头，进一步提升专业竞争力，引领集团业务发展；以建设业务为龙身，作为集团业务基础，保证集团项目的有效落地；以运营业务为龙尾，突破创新，拓展发展空间，为集团业务发展提供新动能。

（4）"四化"企业。通过各方面管理能力的持续提升，打造管控集团化、业务专业化、团队职业化、执行高效化的"四化"发展企业。

①管控集团化。围绕业务整体布局，逐步构建以集团为统领，投资、建设、运营三大业务板块并行的管理架构。集团总部逐步将具体业务管理职能下放，由业务管理型总部向战略管控型总部转变，各板块子集团/子公司/分公司/事业部独立负责对应业务的具体实施，依据业务特点与发展状况，明确集团总部对各业务的管控模式，建立差异化的授权体系，促进各业务板块的健康发展。

②业务专业化。坚持专业人做专业事的原则，强化专业化发展的理念，明确公司在各业务板块的重点细分专业，按专业划分组建业务团队，强优势、补短板，加速专业能力培养与建设，打造某公司的专业子品牌，形成专业竞争优势。

③团队职业化。专业、敬业、乐业，打造高素质、高标准、高效率的职业化团队。以专业、尽责为导向，明确人才筛选标准，强调人岗匹配、人事匹配；建立完善的职业化规范，高标准、严要求，提升职业化技能和工作形象；营造积极进取的工作热情和精益求精的职业态度，形成良好的职业化文化氛围。

④执行高效化。高度重视执行力的打造，通过制度、监督、考核、文化和信息化等措施，规范和引导员工行为，打造高效能组织。

3. 业务战略

针对每一项业务，项目组在充分调研的基础上，提出了各业务的定位、发展目标及具体的发展策略，有效指导各业务综合发展。

4. 战略支撑

从战略管理、组织管控、人力资源管理、财务管理、资本运作、技术研发、风险管控、制度与信息化、企业文化九大方面对管理提出具有针对性的措施，全面提升各方面管理能力，保障战略的有效落地。

三　案例结果

本次客户公司"十三五"发展战略规划编制工作共历时五月有余，在战略规划编制的整个过程中，项目组始终坚持和客户公司相关负责人实时沟通，在反复的商榷和修改中，于 2018 年 5 月提交了战略规划的正式文本，获得了客户公司的一致认可。

四　案例评述

（一）项目难点

1. 客户业务发展方向缺少有效对标

本项目客户属于行业领先企业，在业务拓展方面一直走在行业的前端，在国内没有相应的案例和发展思路可供借鉴。

在面对这个问题时，中国投资咨询项目组增加了大量的基础工作，将国际上优秀的建筑企业进行系统筛选，最后选择30多家进行进一步的分析。在分析中，针对中文资料较少的问题，项目组翻阅了大量外文资料、各上市公司年报和券商研报，系统总结和分析，为项目方案和研讨提供了有力支撑。

同时，在分析中，项目组并非局限于当前的发展结果，而是寻根溯源，寻找各标杆公司在当时的历史条件下，如何做出合理选择。如法国万喜，当时面临国内和国际市场新增建设业务开始下降的大背景，传统的建筑施工属于劳动密集型产业，万喜加大管理和技术培训力度，并购服务公司，扩大特许经营范围，意在减少对风险高、利润薄的建筑施工业务的严重依赖，而逐步向利润高、风险相对小、后期资金占用小的高利润环节转型，这与客户当前面临的问题与环境具有非常高的相似度，对客户具有非常大的借鉴意义。

2. 外部环境面临较大不确定性

客户所处业务呈现行业政策变化不断、行业发展难预测、行业结构不稳定、行业不够成熟等发展特点，在此背景下，如按传统的战略设计方式，对行业的预判难以做出，战略规划难以满足指导客户发展的需要。

项目组主要从以下三方面进行优化。

（1）理论优化。项目组对客户情况进行分析，从不可预测性和行业塑造力进行分析，提出适应型战略更适合客户需求。如何在面对不确定环境下，通过提升战略分析能力，打造战略执行力，完善战略评估、战略营销等，提升战略的稳定器作用，降低战略可能带来的风险，及时纠偏、及时调整。

（2）试验机制。对公司未来可能拓展方向设计试验机制。

①布棋，建立业务筛选模型，变被动选择为主动试验，将足够多的想法变成可能选择发展方向，明确业务拓展投入预算；

②赛马，制定评估机制，加快试验速度，快速迭代；

③资源再分配，向优势业务倾斜，实现优势业务优先发展；

④价值共享，将成功经验进行复制，提升整体业务发展能力。

（3）充分的论证。项目组充分利用公司资源，将行业专家、业务专家、技术专家等纳入项目组，充分征求各方面专家意见，以未来的视角，对当前业务进行系统审视，提出具有前瞻性的发展建议。

（二）项目经验

1. 战略规划的灵活性

战略规划是对企业发展系统思考的总结。但很多企业最近几年都存在"战略失灵"的问题，在进行了大量的分析与论证，精心筛选出发展方向后，结果随着政策的转变、技术的转变，战略规划未能有效执行。

此客户属于行业领先企业，这种"战略失灵"的感觉更深，在客户面前有太多的不确定性，而要在这么多不确定性的基础上，明确一个发展方向，则失去了战略规划的本来目的。

结合实际，在战略规划的制定过程中需充分考虑如下两个因素。

（1）行业的不可预测性。过去的企业基本上是在稳态的战略环境之中，行业发展基本可预测。而现在的企业发展处于一个高速变化的环境之中，高维打击随时可能发生，技术和政策对企业的影响越来越大。面对此种情况，企业的战略设计应该更多体现应对变化的能力，而不单单是方向上的"舍得"。

（2）行业的塑造能力。企业除了适应环境，更能够影响环境，越来越多的龙头企业，通过自身的影响力和能力，可以影响甚至决定一个行业的走向，在这种情况下，战略更应该考虑企业如何通过自身能力的塑造，实现对行业环境的塑造，化被动为主动。

2. 战略适应力的塑造

战略适应力成为企业在面临不确定环境时的必备素质。关于如何打造战略适应力有如下几点可供参考。

（1）提升战略管理能力

很多公司把战略管理简单地理解为战略规划。然而，战略管理不仅包括战略规划，还包括战略分析、战略宣贯、战略评估，各个环节紧密联系，缺一不可。

①提升战略分析能力，能够及时地跟踪、理解甚至影响行业政策的变化。

②加强战略宣贯，战略宣贯包括对员工的宣贯，形成发展向心力；上级主管宣贯，争取政策支持和资源支持；业务伙伴宣贯，提高战略协同水平，促进业务协同发展。

③战略评估是战略管理的重要一环，战略的评估和调整是战略的稳定器，保证在战略方向或环境发生变化时，能够及时进行调整，保证战略有效。

（2）打造战略适应型的组织

战略决定组织，组织决定能力。适应型战略需要适应型的组织，适应型的组织重点是：强后端，小前端。强后端是指强大的管理能力、服务能力能够为前端业务提供全方位的业务支撑。小前端是指各项业务团队采取试验式发展，通过足够多的探索和尝试，优胜劣汰出更适合环境变化的业务，同时，小团队可以保证公司资源投入风险受控，能够以最低的投入，创造最大的收益。

3. 战略落地的核心是"人"

任何公司的核心都是人，人在企业发展中的重要性日益提高。战略一定要和人的能力提升相匹配，很多战略发展方向都是"英雄所见略同"，但有的公司战略转型发展较好，有的则较为混乱，核心因素还是"人"。为了适应战略发展的需求，一定要制定与之配套的人才战略及人才激励措施，不断重塑团队，战略转型和人的转型相一致，这才是战略落地的根本保障。

案例二
某县级市市本级政府性
债务化解方案

常宏渊　汪　健

摘　要：

本项目客户为长三角某经济发达县级市，受该县级市财政和国资系统委托，中国投资咨询有限责任公司项目组对该县级市政府性债务和现有资产进行摸底梳理，并逐步厘清各相关部门利益诉求和领导部门的债务化解思路，有针对性地提出了"三二三四"债务整体化解方案。该方案通过对当地政府及各大平台公司进行资源发掘和整合，并提出有效的融资方案，化解政府性债务行政法律风险和偿债能力风险，防止出现政府性债务危机。

一　项目背景

某县级市作为长三角相对发达县市，经历了快速举债高速发展阶段，城市基础设施建设和当地经济获得了飞速发展。然而，不断膨胀的巨额政府性债务如同达摩克利斯之剑，悬挂在当地经济社会发展之上。该县级市债务存在以下特点。

1. 债务总规模偏大，平台债务占比高。经过不断发展，当地市本级政府性债务规模以数百亿元计，其中融资平台债务占比超过70%。

2. 平台债务差异大，债务问题系遗留。在市本级下属十几家融资平台公司中，债务占比最高的一家平台公司债务占平台公司总债务比例超过50%，债务规模前四家平台公司占比接近80%。债务问题一方面来自承担政府项目举借的债务，另一方面来自借新还旧导致新增的债务。

3. 债务将持续增加，还本付息压力大。新增的政府性项目投资和存量的债务还本付息均需要大量资金；然而，当地财政未来几年一般公共预算收支形势严峻，公益性资产也缺乏现金流生产能力，债务规模有进一步扩大之势。

2015年12月，中央经济工作会议提出供给侧改革的核心任务在于去产能、去库存、去杠杆、降成本和补短板。2017年12月，中央经济工作会议提出加强政府债务管理。在国家和该省市不断加强地方政府债务管理的大环境之下，该县级市快速响应要求，进行全面的债务梳理化解，以避免出现政府性债务危机。

二　项目过程

中国投资咨询有限责任公司项目组以全面梳理债务资产状况、厘清存在的债务问题和可调配的资产、分析地方政府及各相关部门诉求、提出可操作性的债务化解方案为工作思路，并按照以下几个步骤逐步开展工作。

1. 前期调研。根据委托人的要求对该县级市债务进行全面深入的调研，理解客户的核心需求，提供大致的债务化解思路意见书。

2. 项目准备。制订滚动调整的项目工作计划，确定访谈计划（对象和日程），访谈准备（预研、问题清单设计），准备客户方资料需求清单。

3. 访谈、资料收集。访谈当地国资、财政系统相关领导，访谈各融资平台公司管理与业务部门负责人，收集相关数据资料，整理访谈纪要。

4. 问题分析。整理客户需求、确定工作范围与重点；梳理政府性债务情况，发现存在的风险点；梳理现有资产，划分资产类别；梳理各级领导部门和各相关单位的诉求。

5. 分组讨论。与客户就收集到的资料数据和各方诉求进行分组讨论，获得更准确的信息，在此基础上提出债务化解初步方案。

6. 定稿汇报。不断与客户进行债务方案讨论，寻求客户满意的债务化解方案，并做最终定稿汇报。

（一）市本级经营性资产状况情况梳理

1. 融资平台资产

分析融资平台经营性资产与公益性资产状况，分析融资平台盈利能力，分析融资平台负债情况，依据融资平台资产负债状况评估其融资能力。

2. 行政事业单位资产

对行政事业单位的资产进行梳理与估值，包括行政事业单位房产、停车场和车库、山林湖泊和海涂地、土地以及存量基础设施（城市交通基础设施、安防设施、广告位、地下管网、照明基础设施）。

3. 可资产化的资源

对市本级可资产化的资源进行梳理与资产化，包括实物资源（塘矿渣、水库原水和旅游资源）和经营权等资源（使用者付费类和财政支出类资源）。

（二）　市本级财政收支形势分析

1. 一般公共预算收支分析

分析该地级市 2012～2017 年市本级财政收支情况，发现均处于收不抵支的状态。针对当前国内整体经济形势疲软、国际贸易摩擦加剧、全球经济步入下行周期等不利因素，分析预测 2018～2020 年一般公共预算收入情况。依据该地级市刚性支出、2018 年后的 PPP 项目政府付费以及其他支出进行分析，确定 2018～2020 年每年所需的一般公共预算支出。据此测算 2018～2020 年该地级市各年度一般公共预算收支缺口，明确可用于地方政府隐性债务和政府项目支出的财政资金。

2. 政府性基金收入

政府性基金收入可分为土地出让收入和其他收入，依据 2012～2017 年土地出让收入和其他收入的历史数据和当前房地产市场预期行情等情况，合理预测 2018～2020 年政府性基金收入情况，并计算 2018～2020 年存在的偿债资金缺口。

（三）　政府性债务风险识别

1. 行政法律风险

根据该县级市所在省份出台的关于防范化解地方政府性债务风险的相关文件指示以及对该县级市上报的债务情况分析，确定市本级存在行政法律风险的公益性债务总体数量、债务总金额及占比、债务类型以及偿债资金来源，分析存在行政法律风险的债务情况。

根据统计口径，将行政法律风险分为两大类，分别是违反预算法、担保法等情形导致的行政法律风险，以及违反法规、政策、制度情形导致的法律行政风险。对存在行政法律风险的政府性债务逐笔校对，对号入座，划分每一笔存在行政法律风险的政府性债务的类别，以便逐一提出对应性化解措施。

特别指出的是，存在行政法律风险的债务中有数笔棚改债务，考虑到棚改政府购买服务项目所产生的债务具有一定的特殊性，可以合理地突破政府购买服务期限和范围的约束，此外，鉴于我国棚改项目政府购买服务模式适用的普遍性，项目组认为棚改债务最终被定性为违反行政法律风险的可能性较低，不作为债务行政法律风险排查重点。

2. 偿债能力风险

确定市本级债务偿债能力风险的主要来源，发现主要是融资平台续建和新建项目支出以及债务还本付息。根据项目规划与现有债务规模测算出项目支出与还本付息支出，确定2018～2020年资金需求；同时依据以及测算的市本级财政收支情况，确定2018～2020年存在的资金缺口，明确债务高峰年和可能出现的债务危机时间点，计算存在的债务化解时间窗口期。

（四） 市本级政府性债务化解范围与思路

1. 债务化解范围确定

明确此次债务化解范围，包括截止到某一个时间点的存量债务以及债务化解过程中产生的新增债务；根据前述债务分析明确化解政府性债务的关键点。

2. 债务化解总体思路

根据目前政府投融资监管政策、政府债务管理政策和金融市场监管形势分析，政府融资空间受限，确定化解债务风险的关键点。

考虑到市本级融资平台现有融资能力弱，同时旧有政府项目投融资机制将导致隐性债务规模继续快速扩张。市本级政府需要通过整合注入优质资产、加快融资平台转型，同时构建新型政府项目投融资机制，才能从根本上解决政府性债务难题。

化解市本级政府性债务需要有效协调融资平台、国资局、财政局、发改委、住建局、土储中心等多个部门，工作内容包括国企重组、存量资产资源划转、财政支出方式转变、政府项目规划等多个方面，需要市委、市政府发挥主导作用，统筹推进债务化解工作。据此提出以下思路开展债务化解工作。

以防范债务风险事件发生为底线，以控制债务规模增速为前提，以依法合规为原则，以盘活存量资产为重要手段，以根本解决债务问题为目标，政府主导，财政支持，融资平台发挥市场化融资主体职责，分阶段化解政府性债务，用时间换空间，用空间谋发展，通过发展最终化解债务负担，同时探索构建长效、新型市场化政府项目融资机制，最终实现城市建设发展资金可持续保障。

三　项目成果

（一）债务整体化解方案

分阶段化解。政府性债务不是短期内形成的，也无法在短期内彻底化解，需要通过近期、中期和长期三个阶段逐渐化解；明确三个阶段的化解目标，近期主要工作是防范化解债务风险，中期主要工作是切实增强融资平台市场化融资能力，长期工作是实现城市发展资金的可持续保障。

分层面化解。化解平台债务需要政府和平台两个层面协力合作。平台公司是政府性债务的主要债务主体，要积极承担市场化化债主体责任，但是由于融资平台融资能力有限，需要政府主导统筹市本级全部资源予以支持。政府主要负责顶层设计、统筹协调、配合支持等。融资平台负责提出和执行债务化解具体行动方案。

分类化解。从债务化解难度和转型发展禀赋两个维度分析，将存在的债务主体划分为三类。第一类债务化解难度大、转型发展禀赋差；第二类债务化解难度较小、转型发展禀赋较好；第三类债务化解难度小、转型发展禀赋优。

明确化解目标。实现防范两个风险，实现保障在建新建项目资金，实现政府融资平台转型，实现政府性债务问题长效化解。

（二） 平台母公司债务化解方案

考虑到融资平台母公司不参与实际业务，主要是作为融资主体和政府管理下属融资平台公司角色，建议发挥融资平台母公司资金成本低、期限时间长的优势，继续提高平台母公司融资能力。

平台母公司债务还本付息由财政调节其他公司资金予以保障，同时严格控制母公司债务增长速度，优先使用期限时间长的资金。

（三） 近期（2018 年）：防风险、稳杠杆

明确思路：优先解决重大行政法律风险，重点防范化解偿债能力风

险，保障在建和重大新建项目资金需求，确保债务风险事件不发生或晚于周边县市发生。

1. 化解行政法律风险

首先，要充分认识到政府违规融资的严重性。自《国务院关于加强地方政府性债务管理的意见》（国发〔2014〕43号）公布以来，国家发布各类政策，对于政府违规融资的问题，一直严格履行问责机制，因此，要认真研读相关法律和政策要求，充分认识到违规融资的严重性，防患于未然。

其次，准确把握地方政府举债融资的正面清单，将涉嫌违规融资的行政法律风险问题，通过整改转化为合规合法的正面清单模式，以实现化解风险的目标。

最后，结合该县级市现存涉及行政法律风险的公益性债务的实际情况，按照债务风险的轻重缓急，分不同的情形，针对不同的融资类型，给出对应的风险化解策略。

根据以上分析，对现存的行政法律风险债务处理提出如下建议（见表1）。

表1　对现存行政法律风险债务的处理意见

序号	违规情形	处理意见
1	2017年7月14日之后的违法违规公益性债务	1. 提前偿还。有良好融资空间的平台公司，建议与银行和信托公司协商提前偿还 2. 撤回、替换或声明违规文件无效。如不能提前偿还，政府与银行和信托公司协商撤回违规文件，或替换为平台母公司文件，或名义上发文声明原违规文件失效
2	政府及其部门向社会资本方承诺固定收益、承诺回购	暂不处置，关注政策变化。这几笔融资行为属于国开行的政策性融资行为，在全国具有普遍性，也有其合理性，可以不作为重点整改对象，但要时刻关注国家相关政策动态，如遇政策调整，就应该按照相关政策要求，做出相应的整改和风险化解措施
3	政府及其部门违法违规提供担保	声明原担保文件无效，并进行担保替换。优先发函从表面上声明原担保函无效，同时政府与银行协商替换为平台母公司或其他国企担保

续表

序号	违规情形	处理意见
4	超年限购买服务（超3年以上）	提前偿还。 建议政府协调银行通过对应融资平台借新还旧方式提前偿还债务，如原融资平台融资能力不足可由其他融资能力好的平台代为融资，并签订借款协议
5	以文件、会议纪要、领导批示、政府决议等形式同意、批准、要求国有企业、融资平台公司为政府公益性项目建设举债	撤销文件和提前偿还。 近期政府协调债权银行将相关文件撤回，做到表面上合规，银行通常愿意配合。 对不配合的银行再争取提前偿还。 中长期，需要切实做好融资平台的转型，建立政府和企业之间的契约化和市场化机制，实质剥离融资平台的政府融资职能，推动融资平台实体化运作，才是化解该类风险的长久解决之道

2. 化解偿债能力风险

（1）政府层面

建议由市委、市政府牵头成立市本级政府性债务风险化解领导小组（以下简称"债务领导小组"）和债务监管小组，全面高效领导市本级债务化解工作。

建议市委、市政府指定债务领导小组重新评估在建和拟新建政府项目的经营性和必要性，优先保留重大项目和经营性项目，预先做好项目资金平衡方案，减少或缓建公益性非重点项目，严控政府公益性项目债务增速。

建议实时监管债务单位债务动态，实施债务风险滚动管理，加强对可能出现的债务危机进行预警。

建议建立企业间资金调节机制，在发生紧急债务风险事件时，由政府债务领导小组通知资金充裕单位划转偿债资金给债务风险发生单位，提高整体抗风险能力。

建议市委、市政府根据防范风险情况，当债务风险进一步增加时，牵头组织协调举债融资平台、债权金融机构和金融监管等部门，配合风险事件化解工作，并对存量债务处置进行协商谈判，在合理保障各方利益的前提下，协调金融机构不抽贷、压贷、停贷等。

（2）平台公司层面

第一类平台公司债务化解难度大、转型发展禀赋差；可依据该类平台公司自身特点，通过资产划入、盘活存量房产、合理安排土地出让计划、注入矿山资源、注入停车资源、注入多种城市经营权、盘活城市存量资产等手段，逐步化解该类平台公司的债务问题，实现逐步转型发展。

第二类平台公司债务化解难度较小、转型发展禀赋较好；债务问题主要是近期流动性问题，解决近期问题之后，具有较好的转型发展基础。通过资产划转注入、盘活存量资产、加快土地出让、包装现金流、企业债券融资、资产证券化、资产变现等手段，保证平台公司有充足的现金流，逐步消除债务问题，实现平台公司转型。

第三类平台公司债务化解难度小、转型发展禀赋优。这类平台公司应做好转型发展准备，可通过加快土地出让金结转、合理安排土地出让、资产划转整合、加大招商力度、实现商业开发、注重低成本融资、探索混改等，实现快速转型发展。

（四）　中期（2019 年）：调结构、促转型

以增强融资平台可持续市场化融资能力为目标，优化融资平台业务结构，打造各融资平台业务板块格局，推动各融资平台转型为各具特色的国有资本投资或运营平台，构建市本级国有资本布局。

（1）政府层面。厘清政企责任边界，调整空间规划，创造发展新格局，高规格规划高铁新城，慎上项目、侧重经营。

（2）平台公司层面。明确发展方向、重构业务布局；搭建人才体系，构建激励机制。

（五） 长期（2020~2021年）：建机制、降负债

构建新型、长效、市场化政府项目投融资机制，充分发挥融资平台市场化融资职能，控制各融资平台资产负债率在65%以下，确保融资平台具备自主还本付息能力，避免政府隐性债务风险再累积。

（1）政府层面。构建政府主导、全面协同、财政支持、平台主体、国资监管的新型五位一体政府项目投融资机制；通过设立、控股收购、参股或战略合作等形式增加金融企业股权。

（2）平台公司层面。争取实现一家国企上市，推进混改，重视资本运作。

四　案例评述

在国家强调稳杠杆和地方政府性债务管控的大背景下，如何有效地进行地方政府性债务统筹化解工作，如何厘清地方政府与融资平台公司在债务化解过程中的权责划分，对于成功实现债务化解至关重要。本案例操作过程中形成了以下几方面的实践经验，希望为其他地区进行债务化解提供借鉴和参考。

（一） 厘清政企权责关系，建立化债统一思想

以往的地方经济发展过程中，地方政府往往以当地融资平台公司为主要抓手，通过平台公司举债发展当地基础设施建设，产生的巨量政府性债务大多体现在平台公司资产负债表上。如何有效化解地方政府性债务，关键是找到可行的方式化解平台公司政府性债务。

化解债务风险过程中，建议由地方政府一把手牵头组建专门的债务领导小组，将地方财政、国资、住建、水利、交通等系统的一把手和各平台公司一把手纳入债务领导小组，消除各部门及平台公司之间的主观隔阂与信息数据壁垒，建立高效统一的化债组织。

（二）　梳理债务与资产，寻找债务风险点

全面梳理地方政府性债务，明确债务总体规模、在各部门及平台公司中的分布情况、存续状态等，考虑新增项目的建设，测算各部门及平台公司往后几年的资金需求状况。

全面梳理地方政府与平台公司现有资产，测算资产变现可产生的现金流规模以及未来几年地方政府财政收入规模。

对未来几年的资金需求和可用资金规模进行匹配分析，寻找可能存在的资金缺口，暴露偿债能力风险点。对各部门及平台公司债务行政法律风险进行分析，对违反行政法律风险的债务进行重点关注。

（三）　制定综合化债方案，逐步化解债务问题

制定分阶段化债方案。明确近期、中期和长期三个阶段的化解目标，通过制定相应的化债方案，实现近期防范化解债务风险，中期切实增强融资平台市场化融资能力，长期可持续保障城市发展资金。

制定分主体化债方案。化解平台债务需要政府和平台两个层面协力合作。政府主要负责顶层设计、统筹协调、配合支持等。平台公司是政府性债务主要债务主体，要积极承担市场化化债主体责任，提出和执行债务化解具体行动方案。

制定差异化化债方案。根据债务化解难度和转型发展禀赋两个维度分

析，将存在的债务主体进行分类。按类别提出差异化化债方案，以实现债务的有效化解和债务主体的长远发展。

切实执行制定的综合化债方案，以期实现防范两个风险，实现保障在建新建项目资金，实现政府融资平台转型，实现政府性债务问题长效化解。

案例三
新疆某平台公司组织结构优化设计

张 磊

摘　要：

　　某平台公司为新疆某地区开发区直属国企，经过多年发展已经成为全疆综合排名第一的县级平台公司。在较好地完成开发区赋予的历史任务后，面临着如何转型的问题。在中国投资咨询公司为其提供战略咨询服务后，迫切需要完成组织结构优化以承载战略规划的落地实施。中国投资咨询公司在深刻理解客户需求的基础上，在该平台公司领导和员工的支持下，以明确分类业务为前提，明确了事业部制组织结构优化设计。为实现事业部制结构优化，中国投资咨询公司为该平台公司明确了部门职责与岗位"三定"，同时完善了向事业部制过渡的授权管理机制。最终保障了该平台公司较好地实现向事业部制的转型，更好地服务于公司战略发展需要。

一　案例背景

某平台公司（以下简称"客户公司"）是新疆某地区经济技术开发区管理委员会直属国有企业。公司自 2007 年成立以来，立足和弘扬"务实、责任、激情、共赢"的企业理念，走过了由小到大、由弱到强的发展历程，现已成为区域内知名的 AA 信用评级的伊犁州一类国有企业。2017 年成功入选全国县级融资平台百强企业，新疆县级平台公司综合排名第一。

在 10 余年的发展过程中，客户公司积极进行业务创新、锐意进取，业务布局不断拓展，增长速度屡创新高，组织设置逐步完善，人才队伍建设效果显著，改革发展锐意向前，为企业下一步改革奠定了良好的基础。

客户公司市场转型较早，具备良好的业务发展理念以及政府资源优势；同时，融资能力相对较强，企业文化和员工精神面貌良好，领导思想开放，意识超前，具备较强的个人能力，善于资源整合。然而，客户公司受限于区域经济发展、区域整合和人才环境，在专业能力、体制机制、思维眼界等方面受到了较大的制约。可以看到，客户公司优势与劣势并存，如何进行改革发展成为客户公司全体需要共同思考的核心主题。

基于此，中国投资咨询公司在对客户公司进行调研诊断的基础上，为客户公司提供了战略咨询服务，最终明确了"一体、两翼、三业、四化"发展战略，完善了战略管理体系。因此，按照战略规划要求，业务板块已发生重大调整，总部职能定位出现重大变化；同时为提升管理效率，也需要"瘦身健体、降本增效"。因此，客户公司必须优化组织结构，为战略发展和管理效率提升提供相匹配的组织基础。中国投资咨询公司在为客户公司提供战略咨询服务之后，即时为客户提供了组织结构优化设计服务，为战略实施提供有效保障机制。

二　案例事件及过程

（一）　项目过程

中国投资咨询公司实施组织结构优化设计总体思路是，按照公司战略规划要求，结合公司组织现状，明确公司为事业部制模式，明确各部门以及事业部职责，进而优化岗位设置，并明确岗位职责与编制，最终以《部门职责说明书》《岗位职责说明书》形式予以固化。

在此总体思路指导下，中国投资咨询公司按照以下步骤开展工作。

1. 项目组对客户公司组织管理的现状进行诊断，通过资料研读、高管和部门负责人以及员工访谈等方法了解客户公司的组织管理现状以及梳理明确需要解决的组织管理问题。

2. 基于项目组对客户公司战略咨询服务中形成的战略规划方案，结合客户公司组织现状以及问题诊断，咨询组为客户公司设计了事业部制模式组织结构。

3. 在明确组织结构的基础上，项目组梳理明确了各部门以及事业部的职能，并以此设置各部门以及事业部岗位，明确各岗位职责与编制，进而编制《部门职责说明书》《岗位职责说明书》，为客户公司提供了较为完整的组织管理体系文件。

4. 对于组织结构优化如何实现过渡与管理，咨询组提出优化授权及监督管理体系的管理机制实现组织结构调整的顺利过渡，从而真正达到落地实施，支撑战略发展、管理效率提升的效果。

（二）　组织结构优化

1. 根据战略发展与管理要求，明确事业部模式

根据战略规划，客户公司明确了"一体、两翼、三业、四化"发展战略，即以公司为主体，履行国有资本投资运营公司职能，打造战略中心、投资决策中心、资源配置中心、品牌文化中心；一翼为国有资本运营，做好区域服务，一翼为国有资本投资，对外拓展实体实业；开展城市综合运营、消费、供应链业务，即三业；实现平台化、产业化、市场化、国际化。因此，为更好地支撑战略规划，项目组根据业务分类以及集团总部定位，建议客户公司采用事业部制组织结构，事业部模式示意图见图1。

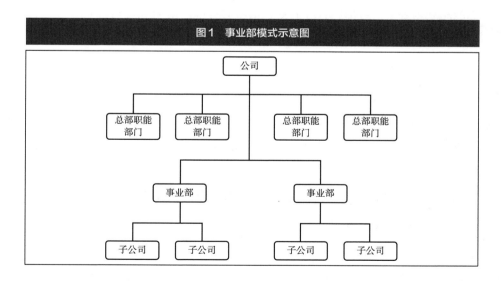

图1　事业部模式示意图

事业部制的集团组织架构，既拥有采取母子架构的优势，又回避了多层法人架构的弊端。规避了单纯母子架构下，多层次组织架构的管控风险。因为单纯母子架构下，集团每个层面都是独立法人，随着层级增加，其管控的不确定性会大大增加。而事业部既可以是独立法人（虚拟事业部），也可以是非独立法人的事业部模拟利润中心，集团总部可以减少因中间层是独立法人而带来管控传导的失效弊端。

在事业部模式下，项目组根据业务类别、业务层面分别设立四个事业部、一个投资运营中心。事业部以及投资运营公司下设各子公司，子公司不再独立拥有管理班子，而是由事业部统一管理。对事业部，集团总部实行授权管理、独立核算。职能层面，实行大部制调整，精简为四个职能部门，整合了部门间资源与职责，提高了管理效率。

2. 明确部门职能，完善岗位设置

在事业部制之下，组织架构与客户公司原先部门设置相比已发生重大变化，需要根据事业部制组织结构重新梳理明确各部门职能。部门职能是公司实现管理职能的重要载体，也是组织运行的重要保障。因此，项目组根据战略规划要求、各部门管理需要，重新对各部门的职能进行梳理，确保公司战略能够落实到部门层面，同时避免出现部门职能遗漏以及部门职能交叉情况。进而，部门职能的落实必须以岗位载体，因此岗位的设置至关重要。在事业部制下，必须重新考虑公司各部门岗位设置情况，予以必要完善举措，即完成"三定"——定岗、定编、定责工作（见图2）。在事业部层面，下属各子公司不再设置领导班子岗位，而是做实做强事业部，在事业部层面设置相应管理岗位。最终以《部门职责说明书》《岗位职责说明书》的形式提供文化固化举措，为公司组织管理公司提供必要操作指引。

3. 明确授权管理机制，顺利实现过渡

客户公司由组织结构现状向事业部制过渡的核心是决策权限的过渡。项目组根据客户公司实际情况，认为成立专业小组或委员会是实现决策权限过渡的关键。

专业决策小组/委员会，是事业部授权逐步加大的一个过渡。通过组建专业决策小组，建立事业部、各专业条线和内外部专家构成的专业决策

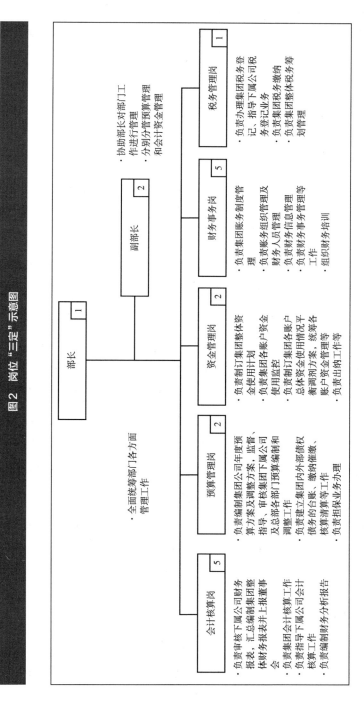

图2　岗位"三定"示意图

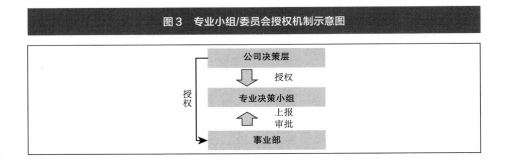

图3　专业小组/委员会授权机制示意图

机构，对事业部上报的重大经营决策事项进行专业评审、决策（专业小组/委员会授权机制详见图3）。专业决策小组是事业部财务、投资、风险控制等专业能力还不完全具备情况下，一种有力的必要过渡。在事业部制下，决策层从日常的经营决策中抽身出来，更多地关注战略发展方向的问题，通过授权的方式，实现各事业部的高效运转。

同时，在事业部制下，对事业部授权并不意味着集团管理的彻底放手，而是必须建立相应的管理机制，以此为抓手，对事业部实现合理管控。授权管理边界方面，根据战略管理、法人治理、组织管理等公司各项职能条线，明确集团对事业部的授权管理边界，清晰界定集团与事业部之间的权责划分。法人治理方面，对各事业部下属子公司的法人治理提供明确规则，做到对事业部管理的有序、合规、可控。授权报告管理方面，建立相应管理机制，明确要求事业部需定期向集团汇报，主要为《业务经营情况报告》《经营风险分析报告》《投资计划实施情况报告》《财务分析报告》《述职报告》《运营管理工作报告》等。其他方面，需明确公司议事规则以及党委会前置决策程序，坚持贯彻党的领导原则。

三　案例结果

中国投资咨询公司在调研诊断，深刻理解客户公司问题与需求的基础上，借鉴服务平台公司组织结构优化经验，为客户公司提出了事业部制组织优化设计方案。主要实现了以下成果。

1. 组织架构层面。中国投资咨询公司深入分析了客户公司业务管理现状，明确各类业务类型，根据不同类型设立相应事业部。由事业部负责对各业务子公司的管理，事业部对集团负责，形成三层级组织架构。同时在事业部制下，集团总部管理职能相对弱化，需优化调整部门设置，因此实行大部制整合，极大地提高了集团总部的管理效率。

2. 部门与岗位层面。事业部组织结构的调整实际上是部门职能的调整，因此，中国投资咨询公司根据部门定位以及管理需要，重新梳理组织结构优化后的部门职责。同时，根据新部门职能，完善岗位设置，做到定岗、定编、定责，为部门职能履行奠定基础。最终形成《部门职责说明书》《岗位职责说明书》成果文件。

3. 组织调整过渡层面。组织调整过渡是组织结构优化的最后一环，关乎组织优化的成败。中国投资咨询公司为客户公司制定了明确的授权管理机制，过渡阶段在公司决策层和事业部间成立专业小组或委员会，逐步实现过渡。同时为保障授权管理机制发挥作用，为客户公司明确授权管理边界、法人治理规则、授权报告管理机制、议事规则、党委会前置决策程序等内容。

四　案例评述

（一）项目难点

1. 多元业务定位不清晰，管理模式单一

客户公司业务涉及金融服务（贷款、典当、担保）、基金管理、投融

资管理、贸易、工程建设、行政管理、公共事业服务（含物业管理）、资产管理与运营、酒店管理、生态农业等方面。客户公司虽然从事业务众多，但是各业务定位不清晰，各业务之间协同较弱，产业化不足。同时，各业务的管理模式大多采用子公司形式，未形成差异化管理模式，导致摊子越铺越大，管理效益却不显著。因此，组织结构优化的问题实质就是如何理顺业务发展的问题、如何优化业务管理模式的问题。在业务定位不清晰、管理模式单一的情况下，如何设计较为合适的组织结构成为重要挑战，如何实现过渡则更为考验项目组与客户公司的变革能力。

2. 部门优化整合，人员安置成为难题

组织结构优化整合不仅仅是部门与岗位的优化整合，更是人员的优化整合。客户公司在业务层面，子公司众多，且大多拥有自己的管理班子。同时总部职能部门相对臃肿，不乏冗余人员。在事业部制下，下属各子公司主要为对外呈现，人员由事业部统管，为保持事业部的精干高效，必然需要优化部门人员；同时职能部门实行大部制改革，同样涉及人员优化问题。因此，组织结构优化需要重点关注人员安置问题，不能因人废事，耽误改革，同时也要避免不必要的劳动关系冲突。

3. 管理基础较为薄弱，管理能力需提升

客户公司虽然较早进行了市场化经营，但尚未成为具备较强竞争力的市场主体。究其原因在于，囿于城投公司属性与定位，早期以服务开发区投融资为主，对于实际市场业务涉足较晚，尚未形成较好的管理经验。同时客户公司人员主要来源于政府或事业单位等，管理思维、理念尚未完成市场化转型。因此，总体而言，客户公司在企业经营管理多方面基础较为薄弱，同时管理能力与市场优秀企业存在差距。毫无疑问，这将影响组织结构优化的顺利过渡，需要项目组与客户公司保持更为密切的沟通与辅导。

（二）　经验总结

1. 领导与员工支持是组织结构优化的第一要素

组织结构优化无论对于领导还是员工而言都是一次重大变革，要成功必须取得上下一致的支持。毕竟归根结底，任何组织结构优化最终是客户所完成的，咨询方始终为专业顾问。领导支持是推动组织结构优化的强大动力，领导支持的缺失必将导致组织结构优化的失败。同时，员工的支持是组织结构优化的重要基础，缺少员工的配合，组织结构优化必然无法落地，尤其在城投公司开展组织结构优化工作。只有取得领导和员工的支持，才能实现开展诸如双选等人员优化机制，当然，前提是项目组作为专业第三方为客户提供了相对科学、合理、有效的组织结构优化设计方案。

2. 多元业务分类明确是事业部制的前提

实际上，对于不少开展多元业务的城投公司而言，事业部制不失为理想的组织结构。事业部制是总公司下面按产品、地区、业务范围划分事业部分公司。事业部分公司自主经营，独立核算。事业部的核心不在于管理，而在于通过自主经营、独立核算等机制，整合事业部业务与资源，提高事业部经营积极性，提升业务管理效益。由此可知，多元业务分类明确对于事业部是重要前提，只有对各业务分类明确，才能进行合理归属事业部。只有如此，方能在事业部内部形成良好的业务协同与资源整合，产生良好的效益。因此，在实行事业部制组织优化前，需要重点分析业务，在明确业务定位以及管理模式基础上，进行明确分类。

3. 事业部制结构优化需要注重授权管理机制建设

组织结构向事业部制转型必须注重授权管理机制建设，如前文所述，事业部制为自主经营、独立核算机构，因此必须取得相应的授权，达成权责利对等。在过渡阶段，授权机制不妨先不直接授权给事业部，而是授权给在事业部和总部决策层之间设立的专业小组或委员会。随着事业部的不断成熟以及公司整体授权管理水平的提升，逐步授权到事业部。除此之外，应通过明确授权管理边界、授权管理报告等机制来完善对事业部的授权管理机制建设。

案例四
华南某金控平台"十三五"
发展战略规划

江　甜

摘　要：

　　此轮战略规划回顾了企业发展历程，系统分析了内外部发展环境，总结出发展面临的机遇与挑战，从资源和能力方面细致评估企业自身实力，并充分调研标杆企业的最佳实践，在此基础上多次研讨明确了企业的战略定位、发展目标、产业布局、发展目标、重点举措、发展阶段以及落地保障措施，为客户未来进一步整合资源、提升效率，并实现由传统投融资平台向地方大型金控集团的转型发展指明了方向，确定了重大战略任务。

一　案例背景

2016 年，××集团重组设立为××金控集团。重组后，集团公司资产规模破千亿元，集聚了大批优质金融资源，发展格局得到极大拓展，集团公司内部治理、队伍建设、党建工作等方面都取得良好开局。根据省委、省政府要求，以政策导向、目标导向、战略导向、问题导向为原则，结合××集团实际，充分发挥好各职能部门、下属子公司系统规划的力量，广泛开展调查研究，做好宏观经济、政策环境、市场环境、经营环境等分析，把事关集团公司发展的重大问题研究深、研究透，做好"十三五"规划的编制工作，充分发挥"十三五"期间发展规划承上启下的作用。

二　案例事件及过程

（一）客户现状解读

1. 发展定位高举高打，业务聚焦民生金融

××金控集团定位为省级国有资本综合运营主体、省级资本运营平台，围绕保障民生项目投融资，化解地方政府性债务，引导金融机构围绕稳增长、调结构、惠民生，创新金融服务方式，初步搭建"民生项目投融资、股权投资、担保及再担保、贷款及再贷款、融资服务、债务经营管理、交易及结算服务"等七大板块业务。××金控集团将在改善民生、防控地方债务风险、推进地方金融创新、实现国有资产保值增值中发挥不可

替代的重要作用。

2. 持续发挥融资功能，七大业务齐头并进

××金控集团充分发挥省级融资平台优势，为省棚户区改造和基础设施建设提供资金保障；通过对创投基金的运营管理，引导社会资金进入高新技术产业、科技成果转化、商贸流通产业及现代农业等领域，推动了省战略性新兴产业和特色优势产业发展；构建了政、银、担风险分担机制，对引导担保机构在服务"三农"、小微企业中发挥作用做出重要贡献；探索了符合其特点的担保抵押方式，初步形成了功能互补、运行高效、分担有序的省、市、县三级担保体系；加大了对小额贷款公司的投资力度，不断提升其融资服务能力，支持中小微企业、"三农"快速发展；积极推广政府和社会资本合作（PPP）等模式，推进存量债务处置和不良债务重组，降低了政府负债水平。

3. 不断完善治理结构，领导班子分工明确

重组后，××金控集团高层高度重视集团现代企业治理体系建设，严格按照《整合重组方案》中的管理运营模式，结合《中华人民共和国公司法》相关规定加快建立健全集团公司法人治理机构，并将坚持党的领导有效融入治理体系建设中。××金控集团已组建党委会、董事会、经营管理层，通过"双向进入、交叉任职"的方式，使党组织核心作用和公司治理有机结合，保证了集团公司在未来发展中贯彻执行党和国家的路线、方针、政策。××金控集团为切实发挥"三会一层"在治理中的作用，借鉴国内外优秀大型国企治理范例，对各部门职责进行了明确合理分工。

4. 持续优化人才队伍，加快完善薪酬制度

××金控集团目前35岁以下年轻员工占比较高，员工整体处于快速成长期，符合集团公司现阶段对成长性人才的需求；本科以上学历员工占比较高，员工整体表现优秀；具有各类金融投资从业资格员工占比较高，员工整体专业水准较高。重组后，××金控集团为充分发挥人才队伍积极性、更好地吸引外部优秀人才加盟，根据《中华人民共和国劳动法》《中华人民共和国公司法》《中华人民共和国企业国有资产法》《企业国有资产监督管理暂行条例》和国家收入分配政策，逐步建立工资总额预算管理机制。

5. 始终坚持党的领导，不断加强党建工作

在省委、省政府的坚强领导下，在省财政厅的正确指导下，××金控集团围绕"两学一做"教育实践活动，围绕国有企业党的建设重点任务，以国有企业党的建设工作会议精神为指导，全面开展党的建设工作。××金控集团注重在完善法人治理结构中坚持党的领导，将党委建设与"三会一层"的建设有机融合；着力打造"对党忠诚、勇于创新、治企有方、兴企有为、清正廉洁"的企业带头人队伍；切实加强党的基础组织建设，发挥基层党组织战斗堡垒作用。

（二） 发展形势剖析

1. 国家供给侧改革指明发展方向

"十三五"期间国家努力推行供给侧改革，逐步完成"三去一降一补"五大改革重点任务，以增强供给结构对需求变化的适应性和灵活性，这必将加速由低端到高端的产业升级，促使生产要素从无效需求流向有效需求领域。就××金控集团而言，将紧紧围绕供给侧改革的发展要求，实施创新驱动发展战略，转变经营理念，着眼于提高投资有效性和精准性，同时提高经营水平，完善内部激励机制，以便在改革过程中逐步构建集团公司的核心竞争力。

2. 国家重大区域战略打开发展格局

"十三五"时期，面临众多国家战略历史性机遇：基于"创新、协调、绿色、开放、共享"五大发展理念，国家提出"一带一路"倡议、实施长江经济带等区域发展战略，为扩大国际国内开放合作创造了有利条件；国家实施大数据和网络强国等战略，为弯道取直、后发赶超创造了宝贵契机；国家大力推进精准扶贫、精准脱贫工作，为打好扶贫开发攻坚战提供了政策支撑；国家加快补齐发展短板，为缩小与全国差距带来了重要机遇；国家实施新一轮西部大开发战略，为完善现代基础设施、构建现代产业体系、发展社会事业等提供了良好条件。××金控集团资源相对充沛，业务范围高度对标未来五年重点发展领域，必将大有可为。

3. 国家扶持发展，提升发展信心

从国家政策层面，党中央、国务院高度关心重视，给予多项政策支持，为发展注入了强大动力。相继批准设立国家级新区和建设国家大数据综合试验区、生态文明试验区、内陆开放型经济试验区、绿色金融改革创新试验区，在政策、资金、项目等方面给予大力倾斜。新区和试验区的开发伴随着大量与民生、科技相关投资建设项目，××金控集团可以利用相关政策资金扶持，促进自身更好更快发展。

4. 重点产业发展带来广阔业务空间

省"十三五"规划提出实现地区生产总值年均增速10%左右的目标，省社会经济的快速发展将为集团公司带来广阔的业务空间。

"十三五"规划和省第十二次党代会明确提出，要大力发展金融产业，支持地方金融企业扩规模、上档次、出效益，集中力量扶持壮大优势企业，推进名牌战略，培育知名品牌。××金控集团定位为省级国有资本综合运营主体，在省金融业发展中扮演着关键角色。

根据省"守底线、走新路、奔小康"的总体要求和发展理念，坚守发展底线和生态底线，将在深入推进精准扶贫精准脱贫的工作中，突出抓好大数据战略行动，全面实施"互联网＋"行动计划。到2020年，将国家大数据综合试验区建设成为全国数据汇聚应用新高地、政策法规创新先行区、综合治理示范区、产业发展集聚区、创业创新首选地。一系列的省产业发展规划为××金控集团在精准扶贫、高新技术产业创业投资等领域提供了广阔的业务空间。

5. 深化国企改革，激发内部活力

自国企改革纲领性文件《中共中央、国务院关于深化国有企业改革的指导意见》（中发〔2015〕22号）（以下简称《国企改革指导意见》）发布以来，国企改革全面深化，此后相继发布多份相关文件，形成以《国企改革指导意见》为引领、若干文件为配套的"1＋N"系列国企改革顶层设计方案。在这一背景下，省"十三五"规划也明确提出要分类推进国有企业改革，一是做强做优做大国有企业，增强国有经济活力和抗风险能力；二是完善现代企业制度，推进公司制、股份制改革，积极引进各类投资者实现股权多元化，推进有条件的国有企业加快改制上市。××金控集团作为大型国有企业，随着国企改革工作的持续深入，公司内部治理结构将不断完善，公司内在活力、市场竞争力和发展带动力将进一步增强。

6. 加快金融改革利于顺势而为

2017年7月，我国召开了第五次全国金融工作会议，此次会议围绕服务实体经济、防控金融风险、深化金融改革"三位一体"的金融工作主题做出了重大部署。省政府相继出台促进省投融资改革、构建多层次资本市场的政策文件。根据改革要求，××金控集团后续要加强企业投资项目管理制度创新；拓展公共基础设施建设融资渠道；推动股权融资业务发展，建立金融服务实体经济的体制机制；构建省市县三级联动的新型政策性融资担保体系，缓解中小企业融资难、融资贵问题。一系列的改革措施有助于××金控集团厘清自身业务发展模式，有利于金融业务的良性持久发展。

7. 重视人才引进，升级人才队伍

目前在国家百千万人才工程组织实施成果的基础上，围绕建设创新型社会的需要，相继推出"高层次创新人才培养计划""'六个一批'人才引进计划""优秀企业家培养工程"等一系列重大人才工程和计划，推动人才结构战略性调整，着力培养复合型、创新型人才和企业家队伍。一系列的省级人才队伍建设举措有助于为××金控集团的发展提供更加丰富的人才资源储备。

8. 同类企业成功案例提供宝贵经验借鉴

近年来，浙江、四川、重庆、天津、上海、湖南等十多个省市的平台公司相继转型成立金融控股公司，以地方金融控股公司为平台，整合地方金融资源，有效盘活国有资产，防范地方金融风险，提高地方金融机构竞争力，为改善区域内金融环境发挥了重要作用。为向具有市场竞争力的现代化金融控股企业迈进，××金控集团可以对标如重庆渝富、湖南财信、广州越秀等同类成熟企业，在集团公司定位、发展规划、内部管理模式、金融改革等各个环节吸收借鉴其成熟发展经验。

（三） 战略制定的内容

1. 战略定位

"十三五"时期，××金控集团将服务于省重大战略落地，助力全面融入"一带一路"国家倡议，引领产业结构转型升级。"十三五"期间，××金控集团将以保障民生和引领大金融产业发展作为核心，加快完善区域经济发展服务功能和提升集团公司经营能力，致力于发展成为以"金融服务＋资本运营"模式运作的国有资本综合经营主体。

2. 愿景使命

坚持高格局、国际化发展目标，整合省民生和金融资源，借鉴国内外优秀金控集团发展经验，充分发挥集团公司自身优势，打造具有国际影响力的中国西部经济发展综合金融服务集团。

3. 战略思路

"十三五"时期，在国家继续深入推进供给侧改革，加速发展、加快转型、推动新跨越的背景之下，××金控集团重点把握 "大扶贫" 和 "大力发展现代金融业" 的战略机遇，以 "国有资本综合经营主体" 为发展定位，聚焦 "民生、金融" 两大领域，围绕 "改善民生、防控风险、创新发展、保值增值" 四大发展目标，通过 "集聚化、平台化、产融化、协同化、引领化" 五化发展模式，打造七大类业务。

4. 发展目标

改善民生：保障省重大民生项目资金落实，化解政府债务压力。

防控风险：坚持政府对金融业的主导地位，规范地方金融秩序，防范地方金融风险，促进地方金融发展。

创新发展：创新体制机制，建立现代企业制度，发挥国有企业各类人才积极性、主动性、创造性，激发各类要素活力。

保值增值：资产规模持续壮大，资产结构良好，营业收入不断增加，利润水平不断提升。

5. 产业布局

民生项目投融资业务是核心。围绕省委、省政府的决策部署开展重大民生项目投融资工作，重点开展脱贫攻坚基金管理、全省棚户区改造项目融资、基础设施建设融资三项工作。

股权投融资、担保及再担保、债务经营、贷款及再贷款业务是支撑。通过管理的产业投资基金的市场化运作，投资符合省产业政策的战略新兴产业和特色优势产业。开展 "三农"、中小微企业融资担保及再担保业务，有效提高融资放大倍数，扩大担保规模。通过开展经营和管理授权范围内的资产，有效改善企业财务状况，有效防范企业债务风险。增加对小额贷款公司的投资，不断提升其融资服务能力，支持中小微企业、"三农" 快速发展。

交易与结算服务是延伸：搭建全省统一股权、债权等交易平台和登记结算平台，推动权益类交易场所集聚发展，着力打造以资本要素为特征的综合交易融资服务平台，进一步盘活产权，促进融资。

6. 重点战略举措

明确集团公司和下属子公司的功能定位与主营业务。扎实有效推进集团公司整合重组工作，通过业务梳理与调整，进一步理顺××集团与金控的功能定位和关系。

强化现有业务板块实力，推进贷款类金融机构的设立。推动现有各板块企业开展多方面专业化合作，通过有效的内部交易和优质资源整合，推进各业务条线协同发展和资源共享，逐步建立统一品牌和业务平台，逐步丰富××金控集团业务板块，形成逐渐完整的产品体系。

完善公司治理结构和组织架构，提升管理效率和市场反应能力。××金控集团及下属全资和控股子公司在 2017～2018 年要进一步理顺和健全企业内部权力机构、决策机构、监督机构和经营管理层之间的关系，建立科学合理、有效运转的公司治理结构。

建立全面的内控管理体系，提升风险控制能力。构建专业化风险治理体系；围绕集团公司总体战略，建立风险偏好体系；实行穿透式管理，强化集团公司整体控制力；以信息系统平台为核心，夯实风险管理的基础设施；实施集团公司层面的全流程风险管控；发挥内外部审计的合力，建立以风险为导向的内控体系。

建立有效的人力资源管理体系和激励约束机制，提升人力资源管理能力，提高人才凝聚的磁场效应。按照建设国内一流金控集团的要求，建立有效的人力资源管理体系和激励约束机制。进一步完善以满足战略发展要求为出发点的用人制度、以关键业绩指标为核心的绩效考核和激励体系及系统的岗位培训和后备人才培养体系，全面构建以业绩驱动为核心、激励有力与约束有效相平衡的人力资源管理体制。

三　案例结果

在中国投资咨询团队以及××集团相关团队的共同努力下，双方群策群力，围绕省委、省政府对××集团的企业社会责任和职能定位，通过与××集团相关职能部门及各子公司领导的深度访谈，以及多次的内部战略研讨，在较短的时间内完成了整个"十三五"战略规划方案的编写，并且顺利通过了由省财政部、发改委及各大学院校专业人士组成的专家委员会的评审，获得了专家成员的一致肯定。

此战略规划回顾了客户企业发展历程，系统分析了内外部发展环境，总结出发展面临的机遇与挑战，客观评估企业自身实力，并充分调研广州越秀、湖南财信、重庆渝富等金控标杆企业的最佳实践。在此基础上与客户管理层共同研讨明确了企业的战略定位、发展目标、产业布局、发展目标、重点举措、发展阶段以及落地保障措施。

本次战略规划的编制正处在集团重组之初，为客户未来进一步整合资源、提升效率，实现由传统投融资平台向地方大型金控集团的转型发展指明了方向，确定了重大战略任务。

四　案例评述

此项目服务对象为大型地方金控集团，通过战略规划的编制和对标杆企业的研究探索了行业发展的规律，对类似企业的发展具有一定借鉴意义。金控类企业的发展一般遵循以下几项要点。

171

（一） 制定清晰的战略定位

对于任何一家企业而言，战略定位都是未来发展方向、走向、命运的关键，对于金融控股类公司同样如此。通过对优秀综合性金融控股公司的研究发现，它们均拥有清晰的战略定位，各主营业务都围绕其总体战略定位的要求展开。例如，重庆渝富在十八届三中全会之后，将其战略定位从处置市属企业不良资产、经营国有资产的重要平台转向国有资本投资运营平台。围绕新的战略定位，重庆渝富制定了"一型三化"战略，业务布局聚焦于"股权投资、基金管理、资本运作"三大领域，实现了快速发展，目前已成为国内最具影响力的国有资本投资运营平台之一。

（二） 开展多领域的业务协同

不同的标杆企业虽然各自主营业务不尽相同，但都无一例外地采用了综合化经营的策略，业务范围涉及金融及非金融板块的众多领域，这代表了未来地方金控平台型企业的发展趋势。地方平台类金控集团借助地方政府力量，通过政府划拨进行资产配置，形成区域内的强强联合，可以更有利于促进不同领域间的业务协同。同时，通过参股和控股形式直接投资地方核心金融企业，一方面通过开展金融业务得以寻求新的利润增长点；另一方面通过掌握齐全的金融牌照，也可以打通各金融业务间的融合，提升国有金融资产质量，提高区域金融业竞争力。

（三） 充分挖掘自身优势

企业在制定战略规划以及进行业务梳理的过程中，在借鉴其他同类企业成功经验的同时，也应充分挖掘自身优势。通过仔细研究不难发现，标杆企业虽然不约而同采用了综合化的经营策略，以及以金融业务为主、非金融业务为辅，或者传统金融业务和非传统金融业务协同并进的经营策略，但各自的业务侧重点却不尽相同。比如：湖南财信围绕湖南省未来的产业发展需求，在自身发展战略中明确指明推进湖南省"科技创新基地、现代制造业基地、优质农副产品流通基地、文化创意基地、全域旅游基地"五大基地建设的相关内容。

（四） 实行现代企业制度

国有独资或控股公司在国企改革的大背景下，无一例外地选择了市场化的发展道路。拿发展较早的广州越秀来说，继承了越秀集团（原越秀金控归属母公司）的市场化基因，成为企业快速成长的原动力。越秀集团致力于建立现代企业制度，较早确立了法人治理结构，持续完善公司治理和内部控制。在每个发展阶段，越秀集团和下属公司都制定了清晰的战略目标，并通过"平衡计分卡"等工具将长期目标细化到年度、季度、月度，以目标倒逼行动力，并建立了完善而严格的考核机制。同时，越秀集团很早就树立了利用资本市场资源配置作用做优做强做大的理念。

案例五
华南某文旅集团顶层设计与管控咨询项目

江　甜

摘　要：

　　作为 A 市目前唯一的文旅产业国有企业，××文化旅游投资发展有限公司承担着整合地方文旅资源、转变文旅产业发展方式、推动地方文旅产业有序快速发展的核心使命。本项目历时 5 个多月，充分把握集团初创的特点，抓住企业从"人治"转向"法治"的痛点，结合企业员工年轻、学习能力强但缺乏经验的现状，采用深入沟通、设计方案、辅导实施、优化完善的方式，促进各项举措得到落地。本次咨询成果给初创的旅投集团带来一系列从无到有的科学的企业运营管理规范，也为地方国有企业依托自身优势推动市场化转型提供了实践经验。

一　案例背景

××文化旅游投资发展有限公司（以下简称"旅投集团"或"集团"）于2017年3月经A市人民政府批准成立，属国有独资企业，主要从事文化旅游开发投资、景区开发管理、酒店地产及其他文化旅游相关业务。公司坚持以改革为统领，以问题为导向，以项目为抓手，将旅游产业与文化产业有机整合，全力打造特色鲜明、内涵丰富的文化旅游产业平台，提升城市价值。

旅投集团是A市政府领导下的以文化旅游产业建设和运营为主体的国有企业，是承载A市乃至C地区文化旅游产业发展的重要平台，也是该地区以文化旅游产业的部署引导产业结构升级、提升区域经济水平的重要推手。

作为一家初创企业，旅投集团在整体公司战略目标、战略定位及发展路径方面有了初步的方向，然而在公司治理、组织架构、流程制度、人才管理、绩效薪酬等方面仍需较大的改善和优化。为了让公司各项业务协调有序开展，确保公司走上良性健康的发展道路，一方面需要进一步明确集团战略定位及目标，确立发展模式、设计业务组合、制订发展规划；另一方面需要不断吸收先进管理理念、引进先进管理工具，建立起完善的现代企业管理运营制度，追求持续的管理提升。

二　案例事件及过程

（一）　客户现状解读

1. 优势

（1）在A市市委、市政府的多方位大力支持下，旅投集团发展前景广阔

A 市市政府除了出资组建旅投集团之外，还出台多项扶持政策，为集团组建和发展提供指引，并且移交"两山一园"的经营权和管理权，为集团吸引高端管理人才，支持集团打造 A 市高端文旅产业品牌等，将文旅产业及其相关的周边产业和资源也纳入集团的经营管理范围，打造涉及多领域的文旅产业链。

（2）拥有承接并运作大型 PPP 文旅项目的能力，打造投、建、运一体化的产业板块

集团在组建初期就承接了××景区及旅游聚散中心 PPP 项目任务。这体现了旅投集团在创建初期就具备了承接大型 PPP 项目的能力。集团加强文旅产业投资布局，发挥基础设施建设能力的优势，培育文旅产业管理运营的能力，打造集投、建、运三大板块于一体的业务体系。

（3）拥有较强的文旅产业基础设施建设的能力

集团从 A 市城投公司等引入高端管理人才和执行团队，继承了城投公司的项目管理经验和能力，打造了一支以基础设施建设管理见长的工程团队，为集团发展初期的项目建设提供了有力的保障。

（4）员工整体较年轻，文化水平相对较高，可塑性较强，工作有活力

集团现有的员工中，文化水平相对较高，员工队伍整体偏年轻，工作有活力，思维活跃，主动学习意愿较强。只要有适当的指导和培养，加上一段时间的工作锻炼，这支队伍将具有较强的战斗力，是集团未来发展的强劲动力。

2. 劣势

（1）集团战略发展方向有待清晰

集团发展需要有明确的战略规划。虽然拥有"两山一园"的开发经营权，但集团还在探索发展路径，摸索如何通过利用现有资源和项目产生足够的利润。至于子公司和参股公司涉及的大量文旅产业延伸业务，都还在资源整合和模式探索阶段。

（2）集团的治理结构设计需要优化

目前集团缺少成型的监事会等必要部门，现有的党委会、董事会等部门的设置和管理也有一定程度的不规范。按照国有企业公司治理的相关规定，集团需要厘清党委会决议、董事会决议、经理层决议等相关制度流程和治理结构。因此，集团存在潜在的治理风险。

（3）集团母子公司的权责划分和业务经营范围划分有待明确

目前，母子公司之间的管控方式还没有规范。母子公司的管理权限和职责划分没有形成共识，更没有明确的规章制度。另外，集团部门和子公司的业务范围有重叠，需要明确集团部门和子公司的职能定位，以及经营范围划分。

（4）集团发展初期，文旅项目运营的能力有待提升

集团以国有企业擅长的资源整合、设施建设见长，但在市场化运营管理等方面基础较弱。文旅产业的重要盈利点之一位于运营阶段。而无论是对于集团面临的传统景区运营，还是对于景区周边相关产业的布局和运营来说，如何培养自己的专业团队和运营能力，如何与第三方合作等，都是集团目前正在探讨的问题。

（5）缺少人力资源规划，人才队伍结构有待优化，人才能力需培养，缺少专业领域高端人才

集团缺少整体的人力资源规划，人力资源工作呈现非计划性和非系统性的特点。一方面，集团的人才结构呈现"葫芦形"，年轻员工比重大，中间管理层人才断档。这种结构不利于集团稳健成长，过多的日常琐碎的管理和决策集中在高层，基层员工也较难得到高层的普遍指导，中间管理层的断档也会使部门日常细节管理不到位。另一方面，基层员工对自己岗位的工作经验较少，需要系统的职业培训，但集团目前缺少培训体系。此外，集团招入较多基础设施建设方面的人才，但招收的文旅项目运营等方面的高端人才较少。对于把文旅项目运营收益作为集团将来主要利润来源之一的集团来说，缺少这方面的人才可能会使集团在运营板块的发展过程中遇到无人可用的问题。

（6）集团薪酬制度需要体现差异性，绩效体系尚需优化，工作价值较难体现，不能调动积极性

目前集团参考采用现阶段 A 市级国有企业的薪酬制度。在这一薪酬制度下，一方面，平均薪酬水平较低，起到的保障作用较小；另一方面，薪酬没有差异性，不能体现重要岗位的工作价值。集团已有初步的年度绩效考评制度，但是侧重于主观性的评判，不够科学客观，实际效果不理想。如果绩效考核制度不到位，将使集团出现"吃大锅饭"的现象，影响工作努力的员工的积极性。集团需要制定更细致、客观、有效的绩效制度，体现多劳多得的价值理念，并且可以考虑增加季度考核等制度，确保绩效考核的持续性。

（7）部门架构和岗位职责待明确、细化

根据母公司涉及的业务，集团部门设置有待优化。现阶段出现职能冲突、职能过度集中和职能不能覆盖等现象。需要优化部门架构，制定"三定"方案，明确部门职能。另外，集团缺少明确、细致的部门岗位职责说明书等制度文件。现有的《员工手册》等制度仅是框架性的，不够详细具体，在具体操作时无法起到足够的参考借鉴作用。员工在工作中出现职责不明确、分工不合理、责任有推脱的现象。

（8）集团制度有待明确、完善和细化

集团目前多是"人治"，而非"法治"。集团发展初期管理事务琐碎，并缺少成文的细致而完善的管理制度，因为制度流程不够明晰，所以能够提供给决策层的制度依据不够清晰。随着集团的发展壮大，加之集团注意力集中在项目建设上，内部管理问题开始显现，"人治"化管理逐渐鞭长莫及、力不从心。

（二）发展形势剖析

1. 面临的机遇

（1）居民收入持续增长，旅游消费支出增加

随着国内经济发展进入新常态，居民收入保持较快增速，消费结构加快升级，以消费为驱动提升经济增长的方式将成为经济结构转型的一个着力点。与此同时，消费升级时代的居民旅游支出增长也将保持一个较快的态势，而旅游消费的快速增长势必会加快各方资源在文化旅游产业的汇集和整合。

（2）B 省旅游资源丰富，有较大的开发空间

A 市隶属 B 省，B 省旅游资源极其丰富，民族文化风情浓郁，这为当地发展文化旅游产业提供了得天独厚的先天条件和文化资源。根据 2016 年 B 省旅游资源大普查，目前未规划和开发的旅游资源占比 60%，说明 B 省旅游产业的发展具备极大潜力。

（3）政府对文化旅游产业发展高度重视

2016 年 5 月 5 日，B 省正式将省旅游局更名为省旅游发展委员会，由省政府直属机构调整为省政府组成部门，通过打造服务型政府，推动旅游业高速健康发展，同时明确将发展旅游业作为全省"三块长板"之一，并纳为 B 省经济增长的重要支柱产业之一，这充分体现了 B 省省委、省政府对旅游业发展的高度重视。

2. 面临的挑战

（1）文旅产业的发展要求行业资源的高度整合

文旅产业是一个以旅游业、娱乐业、服务业和文化产业为龙头所形成的独立经济形态和综合产业系统，它的发展离不开政府和社会将各方资源有效汇聚并整合利用，以此构建完整、高效的产业生态圈。然而，当前 B 省旅游发展主要以政府为主导，社会资本方在建设和运营中的参与度较低，行业资源的集中度和整合度依然有待提高。

（2）文旅产业的发展要基于良好的旅游基础配套设施

作为一个以满足游客体验需求为核心的产业，良好的旅游基础配套设施是确保文旅体验的根本基础，然而由于受到 B 省过去整体经济发展水平、交通和公共服务基础设施建设水平的限制，目前整体文旅产业的配套基础设施建设依然有待完善。

（3）文旅产业的发展离不开对地域文化底蕴的发掘

文化旅游产业的核心竞争力体现在对地方文化特征的发掘及利用上，通过将文化特征注入整体旅游业态来实现商业价值是文化的内在功能体现。A市旅游资源丰富，然而相较于周边其他地区，其历史文化底蕴的潜在发掘空间相对有限。

（4）文旅产业的发展面临同质化的激烈竞争

当前省内文化旅游业普遍缺乏产业核心竞争力，文化旅游景区空间投入不足，吸引力不强，彼此关联度较低，主体文化定位模糊，文化内涵挖掘不足、观光指数偏低、体验性项目缺乏，部分景区开发方向雷同，容易出现效仿，存在同质化竞争的问题。

（5）文旅产业的发展急需复合型高端人才的加入

文旅产业开发具有三大关键性影响要素，分别是资本、技术和人才，而当前情况下文旅产业的复合型高端人才成为最稀缺的要素，在文化旅游资源转化中，人才的作用就是让资本转化的效率最高、技术手段运用得最恰当、文化元素展现得最充分，最终实现文化旅游产品的价值最大化。

（6）文旅产业的发展需要寻求资源开发与生态人文保护的平衡

文旅产业的发展如果盲目追求快速的资本回收，缺乏详尽周全的规划和必要的保护措施，势必会造成资源的过度开发，从而导致潜在的生态环境破坏和人文资源流失，因此需要在开发过程中因地制宜，以智慧开发和规划构建智慧旅游和管理，寻求文旅产业发展与地方生态保护的平衡，这也对文旅产业的建设和运营主体提出了更高的要求和挑战。

（三）项目内容

1. 明确发展方向与发展模式

明确旅投集团"1234"的发展思路，即"一个目标、两条路径、三大平台、四大功能",立足 A 市文旅发展核心战略,紧密结合产业的发展实际,顺应产业发展趋势,推动政府任务与拉动市场效益并重,着力打造集团四大业务板块,包括基础建设、产业投资、金融、PPP。积极探索引领化、集聚化、产融化、专业化的发展模式,促使集团能够及时响应政府规划,保障集团在各项业务领域步伐稳健、体能充沛,持续领跑。

2. 优化公司治理结构

从本级及子公司章程设计、本级及子公司三会议事规则设计、董事会运作、董事会及经理层专业委员会运作规则设计、本级及子公司董事会与经理层工作界面划分、经理层工作细则等维度,针对不同共享机制分类进行差异化章程预埋和高层行权管理程序设计。融合党建工作与业务工作,科学合理设计公司的决策流程,发挥党组织的指导力量,健全党建和业务工作一起谋划、部署和考核的推进机制。

3. 优化设计组织架构

明确旅投集团总部定位,赋予总部决策中心、资源配置中心和管理输出中心等职能定位。梳理各部门职能和权限,划分业务管理部门和职能管理部门等,按需增设必要部门,如采购管理部门、企业管理部门等。针对不同子公司特点和未来发展扩充等,设计适合旅投集团的组织架构和管控模式,通过制度预埋、负面清单、母子公司权责和利益划分等方法途径对其有效管理。

4. 制度流程配套

梳理集团管理流程和制度,规范企业制度化管理工作,包括采购流程、供应商管理流程等。科学合理划分集团的必管项(投资、财务、审计、绩效等)和或管项(市场、采购、工程等),明确母子公司间的流程衔接和部门岗位间的授权机制,避免管理混乱、多重管理的局面,以及"一抓就死,一放就乱"的现象。

5. 完善薪酬与绩效体系

按照集团各部门、各岗位的不同要求,制定公司的三定方案(定职能、定机构、定编制）和岗位说明书等，明确部门和各岗位的职责权限，完善公司的人力资源制度。把握集团人力资源规划的原则和重点，合理规划集团和子公司的岗位配备，以人岗匹配为原则，发挥岗位上人才的价值，并加强培训体系建设，促进专业化人才梯队的打造。参考市场化薪酬体系，打造能吸引优秀人才的薪酬方案，打通晋升通道，体现关键人才的价值。将激励和约束结合，搭建多劳多得的绩效考核体系，解决"大锅饭"的出现势头，激发集团整体活力，提高集团整体运营效率。

三 案例结果

本项目历时 5 个多月，充分把握集团初创的特点，抓住企业从"人治"转向"法治"的痛点，结合企业员工年轻、学习能力强但缺乏经验的现状，采用深入沟通、设计方案、辅导实施、优化完善的方式，促进各项举措落地。本次咨询成果给初创的旅投集团带来一系列从无到有的科学的企业运营管理规范，得到客户的高度认可。

作为目前 A 市唯一的一家文旅国有企业，旅投集团承担着整合地方文旅资源、转变文旅产业发展方式、推动地方文旅产业有序快速发展的核心使命。中国投资咨询公司与旅投集团建立了长期合作的战略伙伴关系，在旅投集团未来发展的道路上，中国投资咨询公司将持续贡献智库力量。

四 案例评述

本项目为地方国有企业依托自身优势推动市场化转型提供了以下实践经验。

1. 立足长远，谋划发展

作为一家初创企业，旅投集团担负着 A 市文旅国有资产整合与文旅产业发展引领的核心使命，项目结合市委、市政府设立期望与企业市场化经营的定位和发展目标，立足长远，系统性地谋划未来发展，制订翔实的企业发展规划，为良好地履行市委、市政府赋予的职责和使命打下坚实基础。

2. 顺势而为，因势而动

十九大报告指出，要深化国有企业改革，发展混合所有制经济，培育具有全球竞争力的世界一流企业，在这项改革的推动下，如何顺应形势转变国企发展方式、增强国有资本流动、促进结构性调整已经成为当下所有国企顺势而为的任务和使命。旅投集团发展过程中对如何贯彻五大发展理念、创新体制机制、激发企业活力进行了有效的探索。

3. 科学管控，有序建设

任何一家市场化经营的集团公司都需要健全的体制机制建设，以及科学管控、高效规范的监管体系，如此才能保持上下协同、整体联动的良好氛围，确保各项工作要求的严格落实。文旅产业的综合性多元化投资建设运营属性增加了业务管理的复杂度，更加要求旅投集团建立一套科学有效的管控体系。

此外，本项目各项方案针对性、落地性较强，主要得益于良好的项目沟通机制，在整个项目过程中一直保持沟通的顺畅与高效。

案例六
某省级交通平台战略规划咨询项目

贺　宇

摘 要：

作为省级交通建设投融资平台，客户公司承担着打造市场化融资平台、创新交通建设投融资新模式、整合优质公路交通资源和产业链资源，盘活存量资产的使命与责任。现阶段公司存在政企不分、资产未做实等状况，随着公司的发展，目前亟须提出符合公司实际、明确未来发展方向的战略规划。中国投资咨询项目组从公司实际情况出发，通过调研、分析公司内外环境，研究行业对标企业，为客户公司提供战略规划咨询服务，助推公司多元化、高质量发展。

一　案例背景

当前，国有企业改革已进入攻坚阶段，发展环境发生了深刻变化，面临新形势、新任务、新要求，需要在认识上进一步深化、力度上进一步加大，坚定不移地把国资国企改革向纵深推进，不断做强做优做大国有企业。客户公司作为省级首批改革的国资企业，肩负着特殊的任务及使命。

目前省人民政府要求客户公司于年底移交至省国资委，纳入国资统一监管，实现政企分开、政资分开、政事分开，进一步完善国有资产监督管理体系。现阶段公司面临着出资人发生变化、资产未做实等情况，如何在内外部环境发生变化的背景下制订出契合公司实际情况、符合公司发展需要的战略规划，是当下客户公司的重点工作。中国投资咨询项目组于 2018 年 12 月正式启动战略规划咨询项目，其间根据国家政策，结合省内环境、交通行业背景及公司发展趋势，从公司的内外部环境做出具体分析，围绕公司的总体发展战略方向、发展目标、产业发展规划及后期的战略保障措施制订公司发展战略规划，为公司未来发展打下坚实的基础。

二　案例事件及过程

（一）　客户现状调研及分析

客户公司是由某省人民政府于 2016 年批准成立的国有独资企业，并授权省交通运输厅履行出资人职责，定位为省级交通基础设施建设搭建专业的筹融资平台，为省"十三五"期间乃至未来的收费高速公路建设提供长期、稳定的资金保障。公司在拥有良好地区资源优势及强大的股东背景的基础上，以优质国有企业背景为支撑，进一步整合省内公路交通资源，为客户公司在关键时期解决核心问题提供了外部保障与内部优势。但客户公司作为地方融资平台，不可避免地存在先天的体制机制缺陷，具体问题包括以下几个方面。

1. 法人治理结构未完善。目前公司党委会、董事会、监事会、经营层仍未完善，无法正常有效地履行法人治理职能，对重大事项的决策效果产生影响。同时从治理管控来看，当前公司尚未建立完善的子/分公司治理管控模式，无法有效对下属子公司进行有效监管。

2. 责权划分未清晰。公司尚未建立明确的管控体系，对业务的管理缺乏顶层设计，使得权责划分不清，一方面会导致公司决策效率相对较低，另一方面也会给各子公司独立开展业务积极性带来一定的负面影响。

3. 国资监管未明确。国资监管尚未明确，政府与企业间的管理界限不清晰，企业定位模糊，缺乏决策自主权，造成权责不对等、决策主体责任和决策权限不匹配等问题，对公司未来市场化转型发展带来阻碍。

4. 人员结构需完善。目前公司无实际员工，工作人员均为交通运输厅系统及下属子公司委派及抽调，编制仍在其所属单位，薪酬由所属部门发放。人员身份未转换、薪酬、绩效考核体系不健全等问题对公司未来引进高端人才、组建人才梯队等方面造成影响，公司亟待通过与市场环境、岗位需求、工作业绩、个人能力相结合建立科学合理的薪酬及绩效考核体系，从而提高员工满意度和积极性，实现薪酬的激励效果。

5. 资产权属不明晰。公司尚未形成市场化经营业务，公路资产仍属交通运输厅，公路的经营权权属未落实、主营业务缺失的问题将导致公司现金流不稳定、日常运营出现较大风险，难以直接进行市场化融资及运作，影响公司向市场化转型及发展。目前亟须推进资产划转工作，为公司未来持续性、多元化的发展奠定基础。

（二）　发展形势剖析

1. 国资国企改革的重大机遇

国资国企改革迎来新一轮改革高潮，改革进入深水区，以管资产向管资本转变，加快国企转型发展，现代企业制度建设、混改、员工持股已经成为改革推进的重点。客户公司应抓住国资国企改革的重大机遇，把握改革方向和举措，有序推进国有资源的整合重组，建立现代企业管理体系，为推动公司的转型升级做出积极贡献。

2. 交通基础设施投融资改革持续深化

交通运输基础设施建设是稳增长、惠民生的重要领域之一。交通运输业则作为国民经济的基础产业、先导产业和支柱产业，与整个经济的发展水平互相协调、互相促进。为更好地发挥政府投资的引导作用，充分利用社会资本特别是民间资本参与交通基础设施建设，深化交通运输基础设施投融资改革，创新投融资模式，国家相继颁布诸多文件支持交通运输基础设施建管养运的投融资政策机制，促进交通运输行业可持续发展。目前，交通运输投融资有了新的发展形势，随着国家对于交通运输事权的进一步明确以及投融资体制改革的深入推进，客户公司也迎来了新的发展机遇。

3. 收费公路相关行业发展趋势及政策利好

《收费公路管理条例（修订征求意见稿）》中指出政府收费公路中的高速公路实行统借统还，不再规定具体的收费期限，而是以实际偿债期为准，确定收费期限。特许经营高速公路经营期限一般不超过 30 年，投资规模大、回报周期长的高速公路可以约定超过 30 年；偿债期、经营期结束后，实行养护管理收费。为完善收费公路管理制度，进一步适应全面深化改革、支撑交通强国建设、保障收费公路可持续发展的需要，交通运输部起草了《收费公路管理条例（修订草案）》向社会公开征求意见。政策利好的导向，将有效降低公司偿债风险及偿债压力，改善收费公路的经营环境。

（三） 标杆企业研究

通过对公司实际情况及发展中所遇困境进行具体分析研究，在对行业同类型企业做了大量调研、分析工作的基础上，挑选出三家与公司发展过程相符的标杆企业进行系统性分析，为公司的转型与发展提供借鉴与引导。标杆企业分别为浙江省交通投资集团有限公司、江苏省交通控股有限公司以及齐鲁交通发展集团有限公司。例如，齐鲁交通发展集团有限公司通过打造新型投融资平台、推行资产证券化、延伸交通产业链等多种方式，逐步搭建起以大交通为基础，以金融、能源、信息、文化旅游、现代物流、商业地产为支撑的现代产业体系。公司立足于本省实际开展自身战略定位，谋求本省交通基础设施投资、建设、运营、管理的资源优势，补齐省内交通基础设施建设短板，选择市场化特色经营模式，依托国家及省内政策红利及经济基础，壮大资产规模，在省内做大做强，逐步对外辐射。

（四） 战略规划编写

通过对客户公司内部进行访谈调研、资料收集与整理，结合公司外部环境及对标企业分析，在与公司高层领导充分沟通交流的基础上，中国投资咨询项目组先后组织开展多次项目研讨会，最终为客户公司提出如下战略规划方案。

1. 指导思想

充分把握"一带一路"、国资国企改革转型发展契机，主动把握国家战略方向和战略部署，聚焦省内交通产业发展的"痛点"，充分发挥国有资本的导向作用、国有经济的引领作用、国有平台的聚合作用，做强服务，做大实体，做实支撑，做优延伸，努力践行地区使命、引领产业创新升级，为加快建设现代化经济体系奠定良好的交通基础。

2. 愿景使命

愿景：争做"西部领先、全国一流"的多元化交通类投资集团；

使命：提升国有资本运营效率，成为区域经济发展新增长点。

3. 战略定位

根据新时期内外部环境以及公司发展模式及业务组合等实际情况，明确"一二三四五"战略定位（见图1）。

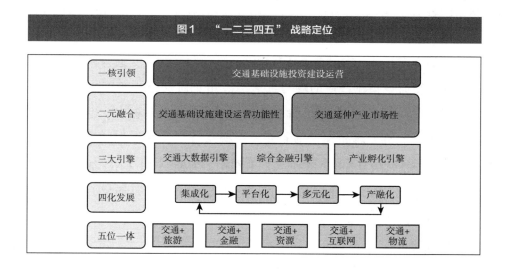

图1 "一二三四五"战略定位

通过充分贯彻实施"一二三四五"战略定位，努力将客户公司打造成集交通基础设施综合运营和全区现代交通产业升级两大功能于一体的国有大型交通投资产业发展集团。

4. 产业发展方向

根据公司当前发展阶段，结合省内交通产业整体发展现状，明确

"1＋N"的产业发展方向，即以综合交通运输投资为核心引领全区交通基础设施升级，以交通延伸产业全面发展构建现代化交通产业。

（1）"1"：综合交通产业

承接省内交通基础设施投资运营平台的战略定位，发挥引领交通产业发展的战略作用，全面推进全省公路交通项目的投资建设工作，打造公路交通路网生态圈后，通过整合铁路、航空产业链资源，带动行业集成发展、创新发展，打造立体综合交通体系，推动全省综合交通产业发展，引导交通综合服务体系的全面升级。

（2）"N"：五大产业

五大产业，即金融、资源、互联网、物流、旅游产业。在集团内积极探索产融结合模式及综合体开发模式等，拓展业务布局，发挥产业协同效应，以推动交通衍生产业的发展，实现传统交通在智慧化、绿色化、功能化方面的全面升级，实现交通与互联网、交通与资源、交通与旅游、交通与金融、交通与物流产业的融合发展。搭建交通及相关新兴产业投资平台，引导产业快速良性发展，推动集团竞争力的发展与创新，发挥市场化战略功能，充分发挥集团产业孵化、产融结合、高效运营能力，向高利润、高成长性领域延伸，调整公司产业结构，为推动"1＋N"战略提供模式支撑与能力支撑，构建集团市场化业务的稳健布局，从而提升产业价值与区域发展价值，持续提升公司的市场竞争力。

5. 发展目标

基于公司"1＋N"战略的发展要求和重大交通战略践行者的整体定位，制定公司的总体目标——"一个示范，两个引领"。

（1）基于重大交通战略践行者的整体定位，公司未来将实现"一个示范"

通过整合交通产业链，优化资源配置，提升管理水平，成为全省交通基础设施投资运营领域的示范者。

（2）基于公司"1＋N"战略的发展要求，公司未来将实现"两个引领"

通过推动"交通＋旅游""交通＋物流"的融合发展，成为拓展现代交通产业生态圈实现交通功能性升级的引领者。

通过推动"交通＋资源""交通＋互联网"的融合发展，成为实现现代交通绿色化和技术化升级的引领者。

6. 战略保障措施

加强组织领导能力。应紧跟国资国企改革步伐，抓住改革机遇，明确改革思路和支撑，企业领导人做好上层政策营销，为公司向市场化改革争取更多政策保障，助推公司发展；依据《关于进一步完善国有企业法人治理结构的指导意见》（国办发〔2017〕36号）等文件精神指导，完善公司法人治理结构，加强党对国有企业的领导，使公司充分发挥党组织政治核心作用、董事会决策作用、监事会监督作用、经理层执行作用、专业委员会职能，及时协调解决集团发展中出现的问题，监督检查落实情况。

落实分类管控。集团总部对各职能部门及下属子公司应基于集分权程度不同而形成不同的管控策略，针对集团不同的业务形态明确目前下属子/分公司的管控模式，并与自上而下的集团功能定位相适应，实行集团分类管控模式；同时应按照国务院国资委的相关要求，遵循"三重一大"原则，重点就二级单位的重大问题决策、重大干部任免、重大项目投资决策，大额资金使用以及新业务拓展等重点业务、关键环节进行重点管控。

制定以结构调整为目标的人才引进策略。以控制存量优化增量为原则，控制公司原有业务人员总量，向投融资、"交通＋"等战略新兴业务倾斜，依据战略发展方向和集团人力资源现状，了解不同地区人才供给特征，建立并实施针对区域市场的专门性人才招聘机制，以岗位职责和任职要求为基础，建立明确人才工作年限、专业、经验等标准，提高人才招聘质量和精准度。

建立完善薪酬体系及全流程绩效考核体系。构建完善的薪酬体系，注重薪酬浮动比率，建立薪酬与岗位、绩效和能力挂钩的薪酬体系，适当拉开薪酬差距，提高薪酬的激励性，激发员工工作热情，促进员工能力提升；强化待遇引人、待遇留人，重点保障核心人员的薪酬竞争力，注重薪酬与外部市场水平对比，以区域领先的薪酬原则不断提升薪酬吸引力，充分发挥薪酬的激励和引导作用。

三　案例结果

本次战略规划咨询项目历时半年有余，其间通过反复的沟通与修改，项目小组于 2019 年 7 月正式向客户公司提交战略规划方案终稿，获得了客户公司的一致认可。

客户公司存在政企不分、法人治理结构不全、人员身份未转化、资产未做实、市场化业务未开展等问题，且面临着年底出资人发生变更、纳入国资统一监管的情况，在年底之前有效解决公司的问题、明确公司未来的战略发展方向是当下的重点工作。中国投资咨询工作小组在此次项目的开展过程中，通过与客户公司相关工作团队的共同努力、与客户公司高层的充分沟通、团队内部多次研讨和分析，为客户提供了符合公司实际情况的战略规划方案，为客户解决了当下面临的实际困难，包括资产划转、薪酬绩效方案设计等，为客户公司未来持续性、多元化的发展奠定了坚实的基础。

案例七
华东某市国资平台搭建及投融资规划

吴　赟

摘 要:

中国投资咨询公司为华东某市国有资本运营中心提供国有资本运营管理的改制咨询服务,并在此基础上设计规划了市本级国资体系内未来三年至五年的资金平衡方案,旨在有序帮助县级地方政府合理控制债务规模,用好手中有限资源,更好支持国有企业发展、做大做强。

一　案例背景

2013 年 12 月，经市委、市政府《关于深化政府投融资及国有企业管理体制改革的意见》文件批准，某市国有资本运营中心成立（以下简称"市国资中心"或"中心"），注册资本 4000 万元。市国资委作为中心的独家出资人和实际控制人，拥有中心 100% 的权益。2014 年，经国有企业优化布局调整，某市已形成"一个中心、N 大集团"的国企布局形态。

从十八届三中全会提出的"组建若干国有资本运营公司，支持有条件的国有企业改组为国有资本投资公司"的改革思路可以看出，国有资本运营平台作为"国资委—国资运营平台—国企"三层关系的中间层，需要起到两方面的作用，一是确保平台的运营充分体现出资人的战略意图，将出资人的职责落到实处；二是要以服务国有企业改革发展为目标，建立以资金、资本为核心的市场运营模式，实现国资委从管资产向管资本转变的探索。市国资中心设立的最终目的，就是成为市级国有资本出资人主体，作为市属国有企业集团集中统一的出资和融资平台，通过多种金融手段，盘活国有资本，支持持股企业发展，实现国有资本保值增值的使命。

市国资中心作为保证基础设施项目投资需求的国资运营平台，拥有国有资产保值增值的使命和巨大的中长期投融资需求。因此，市国资中心需要一家专业的咨询机构来提供投融资规划咨询服务，以便中心更高效地履行国资运营平台的使命和满足未来基础设施建设活动资金平衡的需求。

二 案例事件及过程

中国投资咨询公司的咨询服务共分为四个阶段：调研访谈与资料收集、资料整理分析、报告撰写及分析、资金来源分析。

（一） 调研访谈与资料收集

2014年8月15日，为收集投融资规划所需材料和信息，中国投资咨询公司对华东某市国资运营中心进行了访谈。团队首先访问的是国资运营中心主任、副主任，知晓了中心的发展战略和对本项目的期望；然后访问中心财务管理部了解了中心财务基本信息以及与下属集团的财务对接情况；在此之后访问了中心投资管理部，了解了中心目前的投资情况以及计划影响因素；团队最后访问的是中心融资管理部，了解了中心目前的融资情况以及计划影响因素。

在随后与集团财务管理部门的访谈中，团队了解了华东某市各大城投集团目前的财务战略规划，以及现有资金与资产管理、会计核算情况；并向集团投融资部进一步了解集团目前已有的投资项目及未来的投资计划。

（二） 资料整理分析

在华东某市未来建设大发展和投资需求旺盛的大背景下，进一步做好未来华东某市的投融资规划，特别是做好"一个中心、N大集团"的投融资规划，具有十分重要的意义。为提高中心投融资规划报告的准确性和实用性，投融资分析和规划主要设定了两项基本原则：（1）以实现中心资金的季度性平衡为目的；（2）融资工具的选择依据成本择低原则安排。

在基本原则的基础上，为了更好地编制某市国资未来三至五年的投融资规划报告，编制小组又设定了若干条基本假设，以确保结果合理可行。

（三）报告撰写及分析

受某市实施扩大有效投资战略、加快基础设施建设投入等宏观利好政策因素的影响，市国资中心及所属 N 大集团将在未来三至五年面临较大的资金需求。

资金需求主要包含三个部分：投资建设、偿债活动以及中心本级经营活动。

1. 投资建设的资金需求

根据市委、市政府对市国资中心及所属 N 大集团的职能定位，市国资中心和 N 大集团承担了市内主要的基础设施投资建设任务。未来五年内中心与 N 大集团的公益性和非经营性项目投资力度较大，会产生巨大的投资建设的资金需求。这一部分的资金需求在三类资金需求中占比最大，且主要是通过债务融资的方式来解决。

（1）非经营性项目投资建设资金需求

统计的非经营性项目具体包括各年政府性投资新建重点项目、政府性投资续建重点项目、政府性一般项目和新增项目。

（2）经营性项目投资建设资金需求

依据中心及所属集团上报的投资计划，N 大集团投资建设经营性项目的资金需求在未来五年内基本保持平稳，但经营性项目的投资额在各集团间差异较大，分布较为不均衡，部分基础设施类集团的经营性项目投入有限。

（3）投资资金需求汇总

报告分析了全市近十年的投资平均增长率、近五年的年均增长率、

2014 年某市投资额度等关键性数据指标。在未来五年，该市将实施扩大有效投资的战略，全市投资将继续保持快速增长。

统筹考虑中心和各大集团的非经营性和经营性项目的投资需求、未来国有企业投资在全市投资中占比，以及中心和 N 大集团的投资性资金需求，报告给出了未来三至五年的核心指标，如 2015 年的投资建设资金需求，并用各种类型图表可视化地展示项目未来需求情况。

2. 偿债活动的资金需求

债务融资是当前市国资中心及所属集团最常使用的融资工具，在报告编制的过去一年时间里通过银行信贷和发债所获得的资金额度较大，中心需提前考虑未来这部分资金将会面临的偿债资金需求。

3. 中心本级经营活动的投资需求

报告编制团队依托市政府对中心本级分配的投资任务，分析中心主要以基础设施建设为主，暂不按照企业化运作追求经济效益。未来中心本级投资任务将主要集中在设立基金、注资小额贷款公司、扶持培育高新科技企业以及配合外部金融机构开展不良资产处置等方面。

（四） 资金来源分析

1. 中心融资主体分析

当前中心体系内对外融资主体主要包括华东某国资运营中心及所属 N 大集团在内的九大主体。中心对外融资任务为平衡所属集团的资金缺口，兼顾置换部分高成本融资资金。

各融资主体的融资特征不尽相同，通过分析不同集团成员间不同融资主体的特点、工具使用的情况，判断对外融资时各主体的融资空间和时序安排。其中，城投、交投、陆港和社投四大市级投资建设公司所投资的项目以公益性项目为主，总体来看，四大投资建设公司融资能力较差。未来可以利用工程总承包等模式，通过与代建方协商获得项目建设资金融资，或是利用自身建设项目向政策性银行和商业银行争取项目贷款。

2. 资金来源渠道分析

依据市国资中心及集团所涉及投资项目的类型，可将其资金来源渠道分为以下四大类。

（1）财政资金

财政资金是指以市级财政为中心的预算资金、国债资金及其他财政性资金。财政资金较适用于华东某市社会投资项目中的公共基础设施建设项目、基础产业和新兴产业扶持项目。由于几大集团投资项目多为非经营性项目，因此财政项目资本金注入和财政借款将是其投资项目重要资金来源。

（2）直接融资

目前以报告编制时期内的拟发行时间表为基础，未来将根据实际资金需求情况进一步规划现有直接融资工具的使用，并预计新的直接融资需求。

（3）间接融资

未使用的银行授信和未来新获的银行授信额度等的非直接融资渠道可以作为中心及 N 大集团可靠的资金来源。

中国投资咨询通过合理分析市国资中心及 N 大集团的现有授信余额，梳理可用空间，认为融资能力充足，融资增量空间可期。服务团队对中心提出了综合性建议，以提高中心与集团资产规模和盈利质量，保证中心与 N 大集团的间接融资规模稳定增长，与投资增长率保持一致。

（4）中心可使用的其他资金来源

在报告编写过程中，中国投资咨询将报告重点放在了"中心"可用资金来源的分析和拓展上，通过梳理各类银行贷款、直接融资工具和融资租赁筹集资金等传统融资工具，区分近期和远期投融资。按年逐步调整传统融资工具与创新型融资模式（多元化融资）之间的使用比例。

逐步尝试利用中心自身或 N 大集团持有运营的非经营性和经营性资产进行工程承包融资或融资租赁以筹集资金。

市国资中心与 N 大集团应运用多元化的融资方式，如发行企业债、中期票据，利用保险资金债权投资计划，利用水务集团的准经营资产进行资产证券化，发行资产支持票据、PRN 项目收益票据等融资方式。合理利用上述融资渠道将显著提升市国资中心的投融资能力，降低融资成本，进一步推动全市产业的转型发展。

创新型融资模式未来可以成为该市国资中心和下属集团的重点融资方式，但上述创新型融资模式在融资成本、审批周期、监管政策、可融资规模等方面也存在差异。

除此之外，为配合国资国企改革，降低以市国资中心为代表的国有资本在竞争性企业中的占比，通过发展混合所有制，引入非公资本的方式，获得对应股权价值。因此，在中心及 N 大集团中长期融资规划中，股权类资金将成为 N 大集团所投资项目资金来源的有力补充。

三　案例结果

根据对访谈调研资料进行的整理和分析，中国投资咨询公司于 2014 年 9 月 22 日出具了《华东某市国资中心投融资规划报告》，对该市国资中心及其控股集团 2014 年至 2018 年的投融资活动进行了具体、详细、合理的规划。

（一）　中心短期（2014 年）投融资规划

中心及所属集团 2014 年投融资规划始于 2014 年 7 月 1 日，并按月度估算，是中心近期投融资规划的重点部分。

1. 2014 年资金需求

根据中心及 N 大集团的资金来源和资金需求分析，将 2014 年中心的资金需求主要分成项目资金需求、偿债资金需求和其他资金需求。

中国投资咨询公司帮助市国资中心梳理了 2014 年下半年的偿债资金需求，并形成"2014 年下半年资金需求汇总情况"报告。

在中心资金需求的基础上，根据当年华东某市国有企业投资和经营计划，为中心及 N 大集团设计了直接和间接融资相结合、长期融资和短期融资相结合、传统工具和创新工具相结合的多类型、多层次的融资模式，合理分配各类融资工具和渠道之间的可用规模。

2. 2014 年资金平衡方案

本方案充分考虑了中心及集团经营性和非经营性项目的资金需求特征、现有有息负债的融资成本、各类资金的可得性和便利性等因素，综合设计了 2014 年剩余季度内资金匹配方案。

2014 年 7 月至 12 月的资金平衡方案编制工作的主要原则是，尽可能让每月项目的投资和偿债等资金需求在当月得到满足，资金缺口由中心利用自身融资模式补足。总额上预留一定的资金剩余，方便中心为开展本级经营性投资项目预留空间。

同时，考虑使用低成本的直接融资工具所获资金替换部分到期及未到期的银行信贷资金。

（二）2015 年中心投融资计划

中心及所属集团 2015 年投融资规划始于 2015 年第一季度，并按季度估算。对 2015 年资金需求和来源进行分析汇总后，中国投资咨询公司设计各个匹配时间节点的融资方案。

2015 年中心及所属集团资金需求来自国企的投资建设、偿债活动和中心经营三个方面。2015 年全年的资金需求情况除上述项目投资资金和偿债资金外，还需考虑 2015 年中心本级投资。

1. 2015 年资金来源匹配

综合考虑 2015 年中心和集团经营性和非经营性项目投资情况、现有负债的融资成本、各类资金的可得性和便利性等因素，匹配 2015 年各季度内合适的资金来源。

2. 2015 年资金平衡方案

按季度匹配资金需求和资金来源后，2015 年中心及 N 大集团的资金来源匹配方案的整体目标是融资渠道更多元化，其中企业债、理财融资工具、资产支持票据和项目收益票据等资金来源的比重将加大。

（三）2016 年中心投融资计划

2016 年资金需求为投资建设和偿债需求，并逐步扩大中心本级投资需求。方案的编制从三个方面展开：（1）2016 年项目投资季度资金需求；（2）2016 年季度偿债资金需求；（3）2016 年资金需求汇总情况。

1. 2016 年资金来源匹配

2016 年中心及集团的投资建设和偿债资金需求仍主要通过直接融资、间接融资和其他类融资工具的方式进行匹配。

通过 2013～2015 年的探索和尝试，市国资中心及各大集团逐步理顺传统融资工具的使用，保持直接和间接融资占投资资金比重在合理的范围内，并利用包括经营收入等在内的多元化资金来源降低债务融资风险，保证该市市政建设的稳定、高效、可持续发展。

在灵活使用传统融资工具的基础上，重点关注通过其他类融资模式对传统模式的补充。在非经营性项目和提供准公共产品的项目中扩大 BT、BOT、PPP 等公私合营的基础设施开发模式。

中国投资咨询公司为该市国资中心 2016 年拟定的目标是实现新型融资工具提供资金占总资产的比重进一步加大。同时应根据具体情况，关注中心和集团自身投融资能力、外部资金成本和可获得性的实时变化，适时调整中心重点采用的融资模式，综合运用以银行贷款为主的传统融资模式和创新型融资模式，以保证获得外部资金的时效性，优化中心资本结构，降低中心融资成本。

2. 2016 年资金平衡方案

市国资中心是该市未来发展创新投融资体制的重要抓手，改变现行政府性投资项目资金保障模式，从财政保障为主向多元化的投融资体制转变。

中国投资咨询公司依据市"十三五"规划，依据年内资金来源的匹配方案，按季编制了资金平衡方案。

（四）　中心短期融资工作安排

此外，对于该市国资中心对国资安排的短期不确定需求，中国投资咨询公司在进一步助力中心并表流动资产、短期负债，厘清融资工具现状的基础上，重点对 2014 年和 2015 年中心短期融资工作安排出具了详细建议。

在汇总 2014 年至 2016 年中心及所属集团的重点融资工具后，中心未来主要融资工具的使用情况都在报告中列表说明。

（五）　中心中长期投融资规划

中长期投融资规划是在细化分析中心和所属集团短期投融资规划的基础上衍生展开的。依据中长期区域国资属性投资经营的相关要求，对 2017 年和 2018 年两年的资金使用情况提出相关要求。

1. 2017～2018 年投资计划

根据发改委的相关规划，测算 2017 年和 2018 年华东某市全市投资规模需求。投资增速依据华东某市《2015—2022 年政府投资规模测算说明》进行测算。

2. 2017～2018 年融资规模预算

根据 2017～2018 年投资规模的测算情况，初步测算中心及 N 大集团的整体融资规模。

为满足中心及所属集团 2017 年、2018 年的投资目标，中国投资咨询公司在报告中建议采用多层次结构的融资模式。首先，财政资金支持比重在满足市财政预算的前提下，逐步降低财政支出所占比重，减轻未来投资建设对市公共财政的依赖。其次，控制传统的直接和间接融资工具的使用比重。最后，通过引入外部战略投资者等方式获得的股权类型资金将在集团或项目公司层面提供有力的支持。

3. 2017～2018 年资金来源渠道

2017～2018 年市国资中心的融资战略是用低成本融资工具对高成本的间接融资工具的置换。这一阶段中心所属集团在积极开展基础性新建项目和续建项目时可在 2016 年尝试使用信托资金的基础上，进一步尝试使用基金子公司资产管理计划、工程保理、私募票据 PPN、房地产信托投资基金等形式的融资模式，提高证券化率，丰富非经营性项目和经营性项目的多元化融资结构。

未来股权类型的资金将成为中心所属集团主要的资金来源。市国资中心行使国有资本的出资人职能，可通过成立产业基金的形式，吸引外部股权类资本，成为市财政的功能衍生。由市国资中心统筹发起的产业投资资金逐步替代国家和地方财政投入对社会资本的撬动作用，按照市场规则培育未来十年内华东某市新的经济增长点。

4. 2017～2018 年中心资金平衡方案

（1）中心长期投融资计划

为完成市政府投资的五年计划，市国资中心作为市国资委独家出资的全民所有制企业，不适合在中心层面出让股权。中心自身未来的主要筹资模式，除了通过增加负债获得外部融资之外，还将利用各年市财政资金、市属国有企业上缴国资收益回拨款、国有股权经营的增值收益部分等形式的资金。此外，为更好地履行国有资本出资人职能，依据市场化要求落实华东某市国资运营管理，未来中心应逐步降低其本级的融资功能，转向使用产业基金等方式实现国资运营和监管职能，实现国有资本的保值增值。

中心还需做好市内可划拨资产的调配工作，通过合理有序地向所属集团注入可抵押资产或经营性资产，优化集团资产负债结构，提升新设集团的经营性收入，从而提高所属集团的融资能力。

（2）远期融资计划的前期准备

为了中心所属集团中长期融资计划，前期需对现有市属优质资源、有效资产进行有效配置，实现远期 2017～2018 年中心及所属集团融资规模和经济效益的最大化。这些有效资产和资源包括目前或未来通过中心调配的市属经营性资产、土地资源等。在分配土地、经营性资产等优质资源时，应当优先考虑提升未来新成立的集团，如社投集团和市场集团等。

四　案例评价

中国投资咨询公司在前期调研访谈阶段做了大量的准备工作，访谈的对象从华东某市国资中心到控股集团公司，部门覆盖了财务管理部和投融资部，全面了解了华东某市国资中心的财务状况和投融资需求，在基本原则和合理假设的基础上，对市国资中心 2014 年至 2016 年的短期投融资活动进行了详细规划，对 2017 年、2018 年的中长期投融资活动进行了总体规划。

在完成对华东某市国资中心职能定位和资金规划咨询服务的基础上，中国投资咨询公司继续为华东某市国资中心提供了配套增值服务，如协助华东某市国资中心编写了《中心新设集团资产划拨方案》《中心对国有资产总体划拨方案》《中心市场化融资工具使用和分析》《华东某市国资运营中心管控体系方案》等一系列配套文件。

本次项目中所提供的一系列咨询服务产品及系统化服务，有助于华东某市国资中心作为国有资产运营平台更好地履行国有资产保值增值的使命，拓展了中心的投融资渠道，创新了融资方式，有助于市国资中心在 2015～2020 年持续为新型城镇化建设提供稳定、长期、可持续的低成本资金支持。

案例八
某华南大型水务环境集团
2017～2021 年战略规划

周 伟 吴 瑞

摘　要：

客户集团是华南地区的一家大型水务环境集团，业务范围涵盖供排水、环境保护、工程建设等多个领域，并在技术研发、供排水一体化管理等方面树立了较好的业内品牌。由于客户集团于2018年成功完成垃圾处理项目的重大并购且旗下子公司上市计划发生调整，原战略规划已经无法适应企业未来高成长高质量的发展目标要求，亟须对2017～2021年战略规划进行修编。中国投资咨询项目小组受邀对客户集团的战略规划展开完善，在综合考虑市场环境变化、企业内部发展现状、上市目标要求等情况下，帮助客户集团厘清发展思路、明确发展方向、制定发展措施、建立保障体系，助力其实现成为中国有影响力的水务环境综合服务商的发展愿景。

一　案例背景

2016 年，中国投资咨询有限责任公司（以下简称"中国投资咨询公司"）曾为客户集团提供了未来五年的战略规划编制服务，帮助客户集团研究分析其发展现状和内外部发展环境，明确集团的战略目标及具体实施策略。原战略规划完成后，客户集团在水务环境行业迅猛发展以及国企改革政策接连出台的背景下，应势而动，顺势而为，依托自身企业优势，稳扎稳打拓展业务范围，已经发展成为业务范围涵盖供水、污水、环境、工程建设等领域的大型水务环境集团。

但与此同时，由于客户集团面临的外部发展环境已较原战略规划制定时发生较大变化，并且客户集团在内部发展上也较预期出现新的进展，例如，客户集团旗下拟上市公司的上市进程已发生调整，且客户集团还于近期成功收购业内一流垃圾处理项目实现业务布局上的突破性进展。这一系列重大调整和积极变化使得客户集团亟须针对当前的战略规划执行情况进行总结回顾，结合新形势、新环境、新要求下的发展方向，对原战略规划进行修编，为企业的可持续健康发展保驾护航。

在这样的背景下，中国投资咨询项目小组受邀，在前期战略规划咨询基础上，对客户集团 2017～2021 年战略规划进行修编，结合客户集团高成长高质量发展目标的要求，深入挖掘客户集团竞争优势，调整发展战略选择，与时俱进设计企业业务发展思路，精心谋划股权改革和资本运作路径，以问题为导向，直面痛点，制定保障体系，帮助客户集团全面完善战略规划。

二 案例事件及过程

（一） 客户发展情况回顾

客户集团成立于20世纪中期供水设施建设尚未完全起步的时期，走过了筚路蓝缕的艰辛创业期，客户集团总供水能力稳步提升，最终踏上了自负盈亏、自主经营的企业化发展道路，历经数十载的不懈努力，成为一家供水、污水、环境、工程建设四大业务板块共同发展的大型水务环境集团，资产规模和经营利润水平正逐渐迈入行业第一梯队。

尽管客户集团当前已取得了一定的发展成果，在业内成功树立起良好的品牌知名度，但在高成长高质量发展目标面前，依然面临着巨大的挑战，一方面，客户集团所在业务区域范围内的供、排水市场正趋于饱和，市政工程建设领域的激烈竞争也导致利润空间严重受压；另一方面，在水务环境产业新机遇、行业内企业千帆竞发的激烈竞争态势下，客户集团经营机制缺乏足够活力，亟待对体制机制进行创新改革以适应竞争环境，支撑集团长足发展。

因此，在此次战略规划的修编过程中，必须从企业内外部不同视角出发，综合把握客户集团相关业务的行业发展方向和客户自身内部职能发展的优劣势，帮助客户集团对未来的发展环境进行全面深入的剖析。

（二） 外部发展形势剖析

紧密结合客户集团的业务类型，中国投资咨询项目小组参考行业标杆企业的成功经验，对供水、排水、环保、建设服务这四大类行业，从行业政策环境、发展趋势、商业模式及竞争情况等角度开展简要分析，为客户集团业务发展选择提供依据。

1. 供水行业

供水行业已经历了高速发展期迈入供需基本平衡的稳定发展期，当前行业整体增速趋缓，盈利水平也较为稳定。现阶段，控制供水总量和调整水价是我国供水政策的主要发展趋势。据 E20 研究院预测，2020 年前后城镇公共供水综合生产能力将达到每日 3 亿立方米，城镇公共供水总量将达到 613 亿立方米。

一方面，供水行业总体仍保持"保本微利"的特色；另一方面，随着城镇化水平的提升以及中产阶层的壮大，供水产品将出现具有一定规模的细分需求，优质水、直饮水进片区或进社区将成为可能，未来以二次供水服务为代表的业务将产生更高的专业性需求。

2. 排水行业

我国城镇污水排放量大，且总量呈上升趋势。我国城镇化正处在快速发展阶段，过去 10 年间全国废水排放总量复合增长率都达到 5% 左右，预计未来随着城镇化进程的加深，污水处理增量空间将进一步扩充，但总体规模趋于稳定，潜在增长区域主要在城镇化水平较低地区。与此同时，污水处理市场竞争激烈，但总体市场集中度较低，运营模式与运营体制比较多元化，存在一定的整合空间。

污水处理市场经过三十多年的发展，当前专业化运营管理已成为行业发展的内在要求。同时，随着水质标准要求的提高，政府监管以及社会监督压力的不断加大，对城镇污水处理的服务质量提出了更高要求。在这一背景下，拥有专业的技术、运营管理经验以及长远发展眼光的水务企业将在污水处理设施升级改造及排水设施专业化运营等领域获得更多的产业机会。

3. 环保行业

根据客户集团业务经营范围，环保领域涉及的细分行业主要包括生活垃圾处理、水环境治理等类型。

生活垃圾处理是政府重点关注的固废处置行业，2016 年以来，国家出台了一系列政策措施，包括《关于进一步加强城市生活垃圾焚烧处理工作的意见》《"十三五"全国城镇生活垃圾无害化处理设施建设规划》等，大力支持垃圾焚烧产业发展。目前生活垃圾焚烧行业正经历从快速扩张到稳定发展的转型，产业进入整合期。根据发达国家经验，随着生活垃圾焚烧污染物排放标准提高，行业将进入规模化、专业化发展，已投运产能有望进入并购整合期。

水环境治理领域主要涉及各类水体治理、河涌整治等行业，是政府环保政策一直关注的重点。当前，"整治 + 养护"的 PPP 模式正发展成为水环境治理项目的主要模式，政府偏好能够同时治理黑臭水体、维护河道环境、清理河涌淤泥的公司，对于公司总体能力提出较高要求。目前，水环境治理市场竞争较激烈，尚无普遍强势的竞争者，但水环境治理项目所需建设资金多、治理难度大、耗费人力大、治理标准高，属于高资金投入行业。因此，资质齐全、具有相关经验和一定规模的企业更具市场竞争优势。

4. 建设服务行业

一方面，随着经济下行压力日趋增加，基础设施建设仍将成为国家重点推进的支柱产业。未来 3 ~ 5 年，市政工程市场的发展速度会相对放缓，但全国及客户集团区域所在市场依然存在巨大的增量空间。虽然市场规模巨大，但当前市政工程建设领域中激烈的市场竞争压缩了行业的盈利水平。部分低技术水平施工企业以"低价中标"策略抢夺市场，直接导致过去行业平均高毛利率的情景难以维持。同时，随着 PPP 模式的推广，大量工程项目开始向"建设 + 运营"方向转变，工程类公司必须以项目运营总承包商身份竞标才能获得项目机会，传统业务单一的施工单位生产空间受到挤压，加剧了传统工程业务的竞争程度。

另一方面，除传统建筑业外，建设服务行业还涉及建设设计咨询、工程造价咨询、工程监理等轻资产服务领域。在建筑产品的生产过程中，建设设计、造价、监理直接参与到项目最初决策阶段与项目完成验收阶段，并以图纸、交底和指导的方式间接影响项目具体实施阶段，贯穿"建筑产品"从决策、规划、设计、实施、验收、使用到维修的全过程，对控制工程质量与造价、把握工程实施与进度、优化工程都有重要作用，是未来建筑行业发展的一大利润增长区域，行业发展前景值得期待。

（三）　内部职能体系诊断

在外部环境分析的基础上，中国投资咨询项目小组结合客户集团的发展现状对其内部职能体系进行诊断，和客户共同探讨后认为内部职能问题主要集中在以下几个方面：一是现有"一刀切"的管控模式未能充分考虑各业务板块的差异，无法充分匹配市场竞争类业务的发展需求；二是各业务板块不同的组织管理架构使得管理幅度、深度不一，且与各业务板块定位不完全匹配；三是技术管理层面上技术部门有效统筹公司技术研发职责的能力需要进一步加强；四是现有技术研发和创新体系尚未完全覆盖实际业务开展需求；五是现有投融资职能在对外业务扩张时的支持力度有待强化；六是现有投资风险控制机制尚不完善；七是现有的薪酬激励机制亟待完善；八是企业文化软实力尚未得到充分发挥。

（四）　发展战略选择分析

依托对客户集团内外部发展环境的研究分析，项目小组继而根据客户集团的自身业务竞争力和行业发展吸引力进行 GE 矩阵分析，向客户集团提出了分类化业务发展战略、股改上市的体制改革目标及职能发展战略三项建议。

结合客户的实际业务发展情况，客户集团未来可采取的业务发展战略主要包括以下三种类型：一是拓展型发展策略，主要任务是增强目标业务的竞争能力，实现业务的开拓创新发展；二是维持型发展策略，业务发展重点在于巩固业务发展基础，实现业务的稳定优质发展；三是增长型发展策略，目标着眼于业务的快速增长和规模扩张，实现业务的高速高质发展。

在体制改革和职能体系上，项目小组从股改上市、职能机构设置、职能作用发挥、职能资源配置等各方面为客户集团明确发展战略方向。

（五） 战略目标制定

1. 战略定位

在全面深入的尽职调查、内外部环境分析、发展战略选择的支撑下，项目小组就客户集团的发展战略规划设想与客户公司高管层、经理层进行了多次沟通，确定了在中央国企改革精神和地方环保政策的指导下，推进并实现现有资产证券化，采用产业链横向扩张和纵向延伸并举战略，立足珠三角区域，聚焦粤西、粤东、粤北，放眼经济活跃地区，大力拓展污水处理、固废处理、环境治理、建设服务等一系列业务，至 2021 年发展成为污水及固废业务并驾齐驱、供水及建设服务稳固支撑的区域型一流水务环保集团的战略定位。

2. 战略指标

在成为中国有影响力的水务环境综合服务商的企业愿景指引下，项目小组和客户集团共同就未来三年的经营发展指标进行预测，以量化发展成果，明确阶段性经营目标。面对迈入资本市场后企业的高成长、高质量发展任务，在充分挖掘存量业务增长潜力、积极谋求增量业务拓展空间的情况下，客户集团力争于 2021 年实现营收、净利润较 2018 年末翻一番的发展目标。

三　案例结果

本次战略规划修编工作紧紧围绕客户集团的高成长、高质量发展目标展开，通过充实客户的发展历程以总结回顾发展成果、展望发展新阶段，立足当下，重新审视客户面临的市场竞争环境和资源基础，全面细化近二十个细分行业的研究结果，以深化外部发展环境分析，有重点地突出制约客户发展的内部主要矛盾，深入挖掘客户当前竞争优势，结合新形势、新阶段、新要求进行发展战略选择，根据各业务板块特点设计战略定位、战略任务、发展思路，丰富客户未来的股权改革及资本运作概念，以加大改革创新力度，并以问题为导向搭建针对性较强的职能保障体系，经过多轮汇报与修改，于 2019 年 4 月向客户提交战略规划修编报告正式文本，并经客户第一季度经营分析会议审议通过，战略规划成果获得了客户的高度认可。

在客户集团业务布局取得预期外重大积极变化、股改上市目标发生调整的关键时期，此次战略规划修编工作对客户集团实现健康良好的发展具有重要意义，主要体现在以下两个方面。

一是强化了战略目标在实现战略规划过程中的指导作用。此次战略规划的修编从发展举措、区域范围、业务类型、蓝图设想各方面对战略目标做出了详细的描述，要求充分发挥自身的品牌影响力，优先发展资源优势地区，立足珠三角区域，聚焦粤西、粤东、粤北，放眼经济活跃地区，不断完善供水、污水、环保、建设服务四大业务板块布局，全力打造污水及固废业务领跑、供水及建设服务支撑的业务架构。一个重点突出、清晰明确的战略目标可以有效帮助企业员工坚定发展信念、明确发展方向，以更加热忱的工作态度去落实好战略规划。

二是制定差异化业务板块发展路线，明确业务发展侧重点。考虑到客户集团当前各业务板块的发展基础及市场环境较原战略规划制定时已大相径庭，明确各业务板块在集团未来发展中的战略定位与发展理念，是集团优化完善业务架构的前提条件。例如，在供水业务的发展思路上，将以稳中求进的发展步调重点打造企业品牌载体，注重存量增值和降本增效；而针对污水业务，则强调充分发挥自身竞争优势，快速壮大市场规模，将其作为企业主要盈利支撑业务，鼓励通过兼并收购等方式保持高速高质扩张。

四　案例评述

客户集团作为一家业务范围广泛、经验沉淀丰厚的大型水务环境集团，此次战略规划修编正值客户迈入发展新阶段的特殊时点，在咨询服务开展过程中，对于突出关键问题、明确发展思路、制定适宜目标、匹配实现路径均提出了较高要求。项目小组结合此次战略规划编制服务，从工作的顺利开展和成果的高质提交等角度对同类项目的开展提出以下建议。

（一）积极谋求和客户的良好紧密协作

战略规划的编制作为一项系统性、全局性的工作，不仅对外部智囊团的知识技能、研究能力和项目经验提出了专业要求，同时还依赖于客户自身对战略规划的系统性管理和支持协作。一方面，由于战略规划涉及企业未来的整体发展，在项目开展中会对企业内部体系展开全部的调研工作，在规划编制过程中也需要综合考虑各方面的意见，客户内部战略规划指导小组和外部咨询团队的相互配合可以产生事半功倍的效果。另一方面，脱离实际、一味追求先进企业管理理念的战略规划无异于空中楼阁，通过加强与客户战略规划指导小组的沟通，可以更大程度上确保战略规划内容的实操性。在此次战略规划编制工作中，客户集团组建了由董事会办公室职能归口管理部门牵头、投资发展部协调配合的战略规划修编工作组，在客户内部战略小组的大力支持下，项目小组得以在两个月的时间内成功完成本次咨询服务工作。

（二）　紧跟外部环境变化进行适时调整

战略规划在编制时需要充分考虑外部市场环境的变化，尤其是在业务发展路径上，只有应势而谋，才能始终保持自身的竞争优势。例如，市政工程建设业务近年来一直是客户集团的主要利润来源之一，但面临激烈的市场竞争和备受挤压的行业利润空间，如果客户集团依然坚持传统市政建设的发展道路，势必会在严峻的市场形势下呈现劣势，在这种情况下，项目小组和客户集团一致认为工程建设业务应逐步向建设服务板块转型，即以全产业链思维为指引，通过兼并收购等方式将现有工程建设业务范围向建设设计咨询、工程造价咨询、工程监理等环节延伸，打通建设产业链上下游，与现有工程建设业务在经验输出、能力互补和市场开拓等方面形成强大的协同效应，推动建设服务板块向中高端、高附加值转变。

（三）　打造科学适宜可实现的战略目标

企业战略目标的制定必须坚持实操性和挑战性并重的原则，这样既可以避免目标过于宏大与现实脱节使人丧失斗志，也可以防止目标唾手可得而让人产生懈怠。只有战略规划编制人员对企业资源禀赋、业务发展潜力和行业平均水平有通盘的考虑，才能真正打造"跳一跳，够得着"科学适宜可实现的战略目标。在为客户集团制定战略指标的过程中，项目小组严格以客户内部存量预期为基础，结合客户历史经营数据状况，参照近年来行业平均水平进行增量预测，最终确保客户的远期业务架构符合企业发展方向，同时确保客户四大业务板块的经营目标不脱离行业特点，将收入规模和利润水平预估控制在合理范围内。

（四）制定职能保障措施支撑战略落地

战略规划的落地必然依托于一个完善的企业运营管理体系的支撑，只有将战略规划和运营执行整合起来，才能真正解决企业战略实施的问题。因此，结合客户集团当前的职能体系现状，项目小组从组织架构及管控模式、投资管理、融资管理、技术研发应用、信息化及内部管理、人力资源、企业文化、风险管控等各职能层面均提出了优化建议，以充分满足业务扩张和运营效率提升的切实需求。例如，在组织架构及管控模式上，项目小组协助客户明确了"总部六大战略支持中心＋事业部制"的改革目标，同时针对不同业务板块建立了差异化管控模式，充分授权激发企业活力；在人力资源职能方面，项目小组建议客户结合上市发展要求，按照"外部公平、内部公平、个人公平"原则，建立与行业市场化发展方向相吻合且能够区别对待公司内部各业务板块的差异特点，并客观、准确、合理评价员工工作业绩的薪酬绩效管理体系。

案例九
某文旅集团投融资规划

常宏渊　李雨风

摘　要：

NSS 集团是地方国有大型文旅集团，主要承担所在景区投融资和景区运营工作。随着企业发展进入战略转型关键阶段，投融资问题成为影响企业成功实现跨越式发展的关键因素，企业希望通过投融资的转型推动集团转型发展。根据对金融市场形势的判断，企业结合资金需求，以促进产业发展为目标，制定三层级资金保障方案，向上争取资源支持，优化融资结构，审慎谋划新建项目，有力保障了集团整体发展资金需求。

一 案例背景

NSS 集团是地方国有大型文旅集团，主要承担景区的投融资和运营工作，前期为景区建设筹集了大量资金，形成了大额负债，主要投向基础设施等，形成的资产经营性收益小，难以覆盖本息资金需求，资产负债率、净资产规模和经营性现金流规模等关键财务指标表现弱，严重制约了企业后续融资工作。2020 年即将面临偿债高峰期，拟在建项目还有大额资金投入须在半年内落实，集团资金压力显著增大，急需解决到期债务本息资金和在建、新建重大项目资金。

该集团所处地区财政实力较强，但区属其他平台偿债压力也很大，财政资金紧张，难以给集团提供有力支持，且该集团无可用于平衡债务资金需求的土地出让收入。该集团后续融资依然以自身为核心，可以争取的政府支持有限。

二 案例事件及过程

中国投资咨询公司站在助力集团战略跨越的角度，根据集团实际情况和政府可提供支持，在深入研究外部环境的基础上，分阶段制定具体投融资举措，推动集团从注重基建转向发展产业。

（一）详细分析集团投融资环境

1. 面临的挑战

融资环境依然严峻。受金融监管政策趋稳偏紧、货币政策难有明显宽松以及政府性债务严监管常态化等影响，未来三年融资环境与 2018 年相比基本相当，对集团融资工作带来一定压力。

优质产业项目稀缺。产业是区域长远发展的根基，但当前区域比较缺乏优质产业项目，存在一定产业空心化现象。由于产业集聚化发展趋势成为主流，景区产业基础薄弱为后续招商引资带来一定挑战。

产业竞争激烈。近年来，文旅产业内外部巨头通过并购重组打造产业生态链的趋势在加速，优质资源正在被迅速抢占，例如，BAT 巨额投资旅游电商；港中旅重组中国国旅，更名为中国旅游集团，成为国内最大的旅游央企；万达并购重组同程旅游；等等。该集团立足当地走向全国的竞争压力在加剧。

2. 潜在的机遇

国家大力支持文旅产业。2018 年全国文旅产业投资近 2 万亿元，已经成为我国战略性支出产业，国家及省市政府出台了一系列扶持政策，2018 年国务院办公厅发布新时代文旅产业的纲领性文件《关于促进全域旅游发展的指导意见》，随后出台了近十项配套政策，文旅产业发展壮大的政策顶层设计基本完成。

文旅消费在升级。随着中国经济与国民收入增长，文旅消费已经成为居民日常消费，近年来持续保持高速增长。2018 年文旅融合成为主流消费方向，全年旅游人数达 55.39 亿人次，旅游总收入 5.97 万亿元，同比增长 10.5%，且依然处于快速增长阶段。该文化旅游区 2018 年接待游客仅 150 万人次左右，相较于紫金山风景区 1000 多万人次接待量还有很大发展空间。

国企混改利于提质增效。混合所有制改革已经成为国企改革最重要手段，相关政策已经完备。集团将加快挑选试点推进混改，以点带面提高景区服务品质、激发员工活力、提升集团整体盈利水平。集团的基业长青及长远投融资规划的落地，归根结底得益于可持续稳定增长的经营性净利润。

（二）　重塑集团投融资规划定位和目标

1. 总体定位

借鉴国际文化旅游产业巨头、大型央企中国旅游集团的投融资理念，结合集团实际情况，投融资工作将转变传统的主要承担借贷金融资本的功能定位，推高格局、革新理念，开始面向全球，通过政企协作，依托独特文旅资产、政策支持、品牌信誉、专业能力等优势资源，以资金为纽带融资、融产和融智，构建国际化共投共建共享文旅产业生态圈。其中，融资即融金融资本，融产即融产业资本，融智即融人力资本。共投是指集团与全球各类优质金融资本、产业资本和卓越人才各自发挥优势、协同筹集资金、资源和实现能力互补；共建是指集团与三者深度合作共同打造世界级文旅产业龙头；共享是指集团将与员工、与三类合作方、与政府共同分享成长的超额收益。

2. 总体目标

以十年之期，以保障资金平衡为前提，以产融互动为理念，以多元融资、外联内优为手段，分近期、中期和远期三个阶段，依托提升投融资能级，支撑集团顺利实现由二跨三战略目标，打造全球文化旅游的产业、人才和资本高地。

其中，近期即 2019～2021 年，最主要任务是"防风险，打基础"。集团将紧盯严防资金链断裂风险，将防范化解债务风险作为近期首要工作任务，在政府全力支持下，坚决避免发生债务违约事件；在保还本付息的前提下，加快景区配套功能区投资建设，为集团长远发展奠定基础。

中期，即 2022～2024 年，核心任务是"抓资本，促产业"。文旅产业项目投资金额大、回报周期长的特点决定了建设资金可以更多依赖无还本付息压力的优质权益类产业资本，随着中期集团现金流逐渐改善，将为更多使用境内外优质产业资本提供有力支撑，实现旗下控股公司上市，也将进一步增加集团募集权益类建设资金的灵活性和便利性。集团将加快利用权益类产业资本，一方面保证景区项目建设，另一方面加大资本招商，引进国内外优质产业项目，让集团真正成为一家产业集团。

远期，即 2025～2028 年，核心任务是"拓布局，创典范"。集团将立足所属文化风景区，打造能够快速推广复制的卓越商业模式，同时立足产业发展需求，布局产业金融服务业务，借力资本的跨界、跨域、跨境流动带动产业的跨界融合以及跨越、跨境布局，打造如中国旅游集团的产融互动格局，推动集团成为文旅产业大型卓越的国际化集团。

（三） 全面规划具体举措

1. 近期阶段

控制集团杠杆率，降低债务集中兑付压力。积极争取区政府支持，采取 PPP、专项债券、股权融资、保险资金、企业债券等方式筹集项目建设资金，同时加强与各类金融机构合作，不断优化债务结构，防止债务集中兑付带来的资金链压力过大。

改善现金流、增加净资产规模。现金流和净资产规模是影响企业融资效率的关键因素，集团将尽快从产业发展和融资需求两个维度出发，设立能够产生大额现金流子公司，关键是政府尽快过会审批；集团还将尽快落实以增资等方式增加净资产规模。

构建三层级资金平衡策略。包括景区平衡、集团平衡和项目平衡三个层级，景区平衡是指整个文化旅游区区域投资建设资金平衡，贯穿政府和集团两个层面，需要双方共同确保资金需求；集团平衡是指集团内部资金供需平衡，包括项目投资、日常经营等集团的各项开支在内；项目平衡是指每个在建、新建项目要制定资金平衡方案，这是确保集团资金平衡和景区整体平衡的关键。

实施激励变革。集团将推动子公司市场化改革，尽快扩大三级子公司的市场化现金流入，通过三级子公司的改革来激活集团活力，改善整体财务表现。借鉴国企改革标杆中粮集团经验，集团将调整集团组织架构，打造资本层、资产层和经营层三个圈层。集团总部作为资本层负责投融资和国有资本运营；二级公司作为各产业板块控股平台，负责产业打造和国有资产管理，近期打造商业地产、景区运营和文旅产业三大板块；三级公司作为经营层，承担创造利润和实施激励机制创新。资本层以集团整体战略为引领，以扩大收入为核心目标调整资本布局，改革分层授权机制，力推三级公司市场化转型；资产层以做实产业为导向，重组集团资产资源，打造若干核心产业板块；经营层将聚焦利润，挑选试点进行市场化转型，尽快推进股权多元化、混合所有制及员工持股，集团已经初步决定挑选交通和餐饮业务展开市场化改革试点和混改试点。

探索参与产业投资。由于产业基础薄弱、经营不足，难以大规模通过产业投资来拉动产业发展，但是集团依然面向未来、始于足下。由于产业基金已经是各园区发展产业的重要手段，集团将在近期采取安排极少量资金参与产业基金的方式来做好产业发展的准备。近期以有限合伙人（Limited Partner，LP）身份参与优秀文旅产业基金，以学习经验、培养能力，为中远期文旅产业发展壮大奠定基础。

2. 中期阶段

子公司层面全面推动市场化改革和混合所有制。首先是集团整体的提质增效，所谓提质增效，从投融资角度讲是指提升国有资本的质量和收益水平。集团将总结试点混改经验，在子公司层面更全面推动市场化改革和混合所有制，新设立的完全市场化竞争领域的子公司优先考虑以混合所有制方式成立，例如物业公司、旅行社、智慧旅游、基金管理等。目的是以深层次改革来推动财务指标的持续改善，进而实现投融资能级的不断攀升。

调整债务结构，降低债务规模。随着项目进入回报期、景区收入快速增长及文旅产业逐渐扭亏为盈，集团将用低成本债务置换高成本债务，增加股权融资比重，增加直接融资比重，利用收益偿还债务，增加资本招商力度，以实现显著降低还本付息资金需求，显著增加净资产规模，最终争取实现集团整体利润扭亏为盈。

推动控股公司上市，打通资源—资产—资本—资金四资联动循环，展开资本运作。旗下某公司内涵式发展难以在中期满足上市条件，可由区内外旅游类国企注入优质旅游文化资产，达到股权多元化和净利润要求，最终实现中期上市目标，但该公司上市依然需要保持集团控股地位。该公司上市后融资渠道变宽，可通过债券融资或股权融资的方式融资，最终打通资源—资产—资本—资金四资联动循环，展开资本运作。

组建企业大学，培养国际一流人才，以人才加速集团战略实施，提升融资能力。通过组建文旅产业大学，会聚全球一流人才，培养国际顶尖人才，实现人才由输入到输出的转变；最终实现以人才保障集团战略实施，优化集团财务表现，提高融资能力；同时跟随人才流动布局产业投资，不断扩大事业版图。

3. 远期阶段

布局金控，择机获取金融牌照，打造集团产业金融服务板块，形成产业金融双轮驱动格局。集团择机获取金融牌照，打造国内专注文旅产业综合金融服务产业板块。利用自身现有的文旅产业运作经验和文旅资源，迅速提升文旅产业金融服务水平；强大的金融资本运作能力再反哺集团发展，最终实现产业金融双轮驱动格局。

完善产业，打造全链条业务闭环，成为具有世界影响力的旅游文化产业综合投资运营服务商。立足景区深厚的中国传统文化核心优势，把握中国全球化的机遇，通过资本运作打造投融资、规划设计、景区运营服务、文旅产业孵化、文旅产业金融服务和人才输出的全链条业务闭环，使集团成长为具有世界影响力的旅游文化产业综合投资运营服务商。

三　案例结果

（一）　争取关键资源

基于资金缺口的合理测算，引起主管部门高度重视，同意尽快匹配关键资源平衡资金需求。集团针对该项工作进行可行性分析，制订详细承接和充分发挥优质资源作用的方案。

（二）　尝试更加多元化的融资模式

基于财务情况探索成本合理融资工具，调整债务期限和结构，实现债务本息平滑支付。新建项目积极对接社会资本方，通过交易结构合理设计实现双方利益最大化。

（三）　运营效率得到提升

通过设立专业子公司实现各项业务专业化运营，并且加强对各业务条线绩效考核，使员工绩效收入和工作表现密切挂钩，有效提升了企业各项工作运营效率，降低了运营成本。

四　案例评述

地方政府融资平台均面临较大融资压力和转型压力，虽然当前融资环境较理想，但是由于资产质量差、真实经营性现金流不足，平台融资压力在逐渐增大，面对波动的融资环境，平台的适应能力在快速减弱，潜在的风险正快速增加。目前，各融资平台正在探索实现转型、使自身真正具备市场化融资能力的有效路径。根据该项目经验和其他类似企业实践，融资平台转型还是要从投融资工作入手，特别是投资工作，需要通过投资来逐渐改善企业市场化经营能力，但相应体制机制的调整是保障企业实现实质性改革的关键。

图书在版编目（CIP）数据

融智融资：中国投资咨询案例. 第二辑／中国投资
咨询有限责任公司主编. -- 北京：社会科学文献出版社，
2020.1

（中国建投研究丛书. 案例系列）

ISBN 978 - 7 - 5201 - 5893 - 0

Ⅰ. ①融… Ⅱ. ①中… Ⅲ. ①投资 - 咨询服务 - 案例
- 中国 Ⅳ. ①F832.48

中国版本图书馆 CIP 数据核字（2019）第 289212 号

中国建投研究丛书·案例系列

融智融资
　　——中国投资咨询案例（第二辑）

主　　编／中国投资咨询有限责任公司

出 版 人／谢寿光
组稿编辑／恽　薇　王楠楠
责任编辑／王楠楠

出　　版／社会科学文献出版社·经济与管理分社（010）59367226
　　　　　地址：北京市北三环中路甲 29 号院华龙大厦　邮编：100029
　　　　　网址：www. ssap. com. cn
发　　行／市场营销中心（010）59367081　59367083
印　　装／三河市龙林印务有限公司

规　　格／开　本：787mm×1092mm　1/16
　　　　　印　张：15　字　数：199 千字
版　　次／2020 年 1 月第 1 版　2020 年 1 月第 1 次印刷
书　　号／ISBN 978 - 7 - 5201 - 5893 - 0
定　　价／69.00 元